Wolfgang H. C. Junge / Martina Junge

Kundengespräche souverän meistern

Wolfgang H. C. Junge
Martina Junge

Kundengespräche souverän meistern

Wie Sie anspruchsvolle Kunden zufrieden stellen und Reklamationen erfolgreich behandeln

2., erweiterte Auflage

GABLER

Bibliografische Information Der Deutschen Bibliothek
Die Deutsche Bibliothek verzeichnet diese Publikation in der Deutschen Nationalbibliografie; detaillierte bibliografische Daten sind im Internet über <http://dnb.ddb.de> abrufbar.

Das Buch erschien in der 1. Auflage unter dem Titel „Konflikte mit Kunden – kein Problem".

1. Auflage 1999
2., erweiterte Auflage Juli 2003

Lektorat: Manuela Eckstein

Der Gabler Verlag ist ein Unternehmen der Fachverlagsgruppe BertelsmannSpringer.
www.gabler.de

Umschlaggestaltung: Nina Faber de.sign, Wiesbaden
Druck und buchbinderische Verarbeitung: Wilhelm & Adam, Heusenstamm
Gedruckt auf säurefreiem und chlorfrei gebleichtem Papier
Printed in Germany

ISBN 3-409-29580-1

Vorwort

»Servicewüste Deutschland«, »Entwicklungsland« in Sachen Service, so sieht uns häufig das Ausland.

Service ist mehr als nur die Reparaturannahme. Im Autohaus will der Kunde mehr als nur ein Auto, im Hotel mehr als nur ein Bett mit Frühstück, beim Friseur mehr als nur einen Haarschnitt. Viele Unternehmen versuchen heute immer noch, sich in kleinen Preis- oder Produktunterschieden vom Wettbewerber abzuheben. Diese Unterschiede sind klein im Verhältnis zu möglichen Servicequalitäten. Service wird von Menschen gestaltet. In jedem Unternehmen sind andere Menschen, und sie machen den Unterschied.

Was ist nun der Weg zu besserem Service? Zunächst sollte ein Unternehmen Visionen haben, welchen Zusatznutzen es seinen Kunden neben seinem Produkt, seiner Dienstleistung noch bieten will. In einem zweiten Schritt sind die Kunden oder die Zielgruppe zu befragen, wie sie das Angebot annehmen und was anders sein sollte. Im Ergebnis kann ein Unternehmen sich klare Werte schaffen, welcher Service geboten werden soll und welcher nicht, welche Zielgruppe erreicht werden soll und welche nicht. Da keiner allen alles recht machen kann, bedient jeder seine Marktnische. Unternehmen mit ähnlichen Produkten oder einer vergleichbaren Dienstleistung brauchen keine Konkurrenten mehr zu sein oder den Wettbewerber zu fürchten. Jeder bekommt seine Zielgruppe, die er anspricht. Wer von Ihrem Service begeistert ist, empfiehlt Sie weiter und bleibt Ihnen treu. Andere Kunden, denen diese Art von Service nicht gefällt, suchen sich ihren Anbieter.

Service, der Dienst am Kunden, wird von den Mitarbeitern gestaltet. Die vielen tausend Kleinigkeiten im Umgang mit dem Kunden sind es, die den Unterschied machen, in einer Zeit, in der der Kunde ein ähnliches Produkt zu einem ähnlichen Preis an jeder Straßenecke bekommen kann.

Kundenorientierung – oder noch besser: Zielgruppenorientierung – heißt, das ganze Unternehmen auf den Kunden ausrichten. Das bedeutet, Systeme zu installieren, damit der Kunde genau das erlebt, was er erleben soll. Die motivierenden Sprüche einer Unternehmensphilosophie, wie man sie in vielen Unternehmen an der Wand hängen sieht, sind nur so viel wert, wie sie als Unternehmenskultur tagtäglich von jedem Mitarbeiter gelebt werden. Das, was der Kunde bei jedem Kundenkontakt erlebt, das sind die Momente der Wahrheit. Hier zeigt sich, welcher Service als gelebte Firmenphilosophie in einer Unternehmenskultur Wirklichkeit wird.

Die beste Möglichkeit, Konflikte im Kundendienst zu lösen, besteht darin, dem Kunden exzellenten Service zu bieten und damit Konflikten vorzubeugen. Wenn festgestellt wurde, dass 1996 die Kundenzufriedenheit in Deutschland ihren bisher niedrigsten Stand erreicht hat, obwohl die Bemühungen um den König Kunden größer geworden sind, dann bedeutet das, dass die Anforderungen der Kunden schneller gewachsen sind, dass Kunden immer sensibler werden, dass sie einen guten Service erwarten. Wenn sie den nicht bekommen, bleiben sie entweder weg – falls die Konkurrenz nicht noch schlimmer ist –, oder sie fordern ihr Recht ein, für ihr gutes Geld mehr als nur gute Produkte zu bekommen. Im Ergebnis erleben wir dann verärgerte und unzufriedene Kunden.

Sicher haben Sie schon einmal eine Reise in einem Reisebüro gebucht. Hat man Sie eine Woche nach Ihrer Rückkehr angerufen und gefragt, ob alles in Ordnung war, ob es irgendwelche Hinweise gibt, die auch für andere Kunden interessant sein könnten? Wenn ich in Seminaren diese Frage stelle, melden sich höchstens fünf Prozent der Teilnehmer. Stattdessen beklagen sich Expedienten über Kunden, die sich zwar von ihnen beraten lassen, dann aber doch anderswo buchen, und über verärgerte Kunden. Natürlich, wenn der Kunde sich erst beschwert, kann der Expedient nur noch reagieren. Ruft er aber seinen Kunden an und fragt ihn nach seiner Zufriedenheit, kann es auch sein, dass der Kunde Dampf ablässt. Dieser aber spürt: Man kümmert sich. Und merkwürdigerweise ist das Gefühl, dass sich jemand interessiert und engagiert ist oft wichtiger als die sachliche Klärung des Problems.

Stellen Sie sich vor, Sie brauchen auf einem Bauantrag bei einer Behörde drei Unterschriften, und man sagt Ihnen, dass das acht Wochen dauert. Wahrscheinlich würden Sie verständnislos reagieren. Wenn Ihnen die Mitarbeiterin bei der Entgegennahme Ihres Antrags aber versichert: »Für die drei Unterschriften brauche ich diese und jene Zuarbeit, das eine geht ganz schnell, hierfür brauchen die anderen erfahrungsgemäß eine Woche, und jenes Prüfverfahren ist besonders langwierig. Im Normalfall ist mit acht Wochen zu rechnen, aber ich bleibe dran. Ist es für Sie in Ordnung, wenn ich Sie in zwei Wochen anrufe, damit Sie wissen, wie der Stand ist und ob es vielleicht doch schneller geht?«

Oft sind nicht die acht Wochen das Problem, sondern das Gefühl, dass sich keiner bemüht.

Allerdings hilft es auch nicht, einem Kunden leere Versprechungen oder falsche Hoffnungen zu machen. Nicht nur Lippenbekenntnis, sondern vor allem unser echtes Engagement für den Kunden ist gefragt.

Drei Dinge sollten Sie für den konfliktarmen Umgang mit Kunden im Griff haben:

- den Umgang mit sich selbst,
- den Umgang mit den verschiedensten Kundentypen und
- den Umgang mit der Situation, die der Kunde zum Anlass für den Konflikt mit uns nimmt.

Sicher, in einer Wüste von einem Tag auf den anderen blühende Oasen zu schaffen, dürfte kaum realistisch sein. Möglich sind aber schrittweise Veränderungen. Um bei dem Bild der Wüste zu bleiben: wenn ringsum Wüste ist, dann wirken bereits einfache Wasserstellen als Magnet für unsere Kunden. Allerdings sollten Sie diese Wasserstellen schrittweise zu immer attraktiveren Oasen ausbauen. Denn: was heute noch außergewöhnlich ist, wird morgen ganz normal sein.

Und tatsächlich gedeihen in Deutschland bereits Serviceoasen. Der FOCUS 4/98 weiß zu berichten, dass bei Karstadt die Kundin in der Umkleidekabine bleiben kann, während die Verkäuferin die Wäsche holt oder dass bei SPAR Kunden mit der Rikscha nach Hause gestrampelt werden.

Was der Kunde erlebt, ist immer ein Spiegel der im Unternehmen tatsächlich gelebten Kultur. Der Versuch, interne Probleme vor dem Kunden zu kaschieren, wird über kurz oder lang scheitern.

Auch deshalb sollten sich Mitarbeiter eines Unternehmens intern gegenseitig als Kunden betrachten. Jeder, der außerhalb oder innerhalb Ihres Unternehmens das Ergebnis Ihrer Arbeit braucht, ist Ihr Kunde.

Ob interner oder externer Kunde, der Kunde ist das Ziel Ihrer Arbeit. Um das umzusetzen, brauchen wir im Unternehmen Mitarbeiter, die sich ständig dafür engagieren, es internen und externen Kunden einfach zu machen, die stets das ganze Unternehmen im Blick haben und über ihren Tellerrand hinaussehen, die ihre Aufgabe nicht nur im Reagieren, sondern im Agieren sehen.

Dieses Buch zeigt einerseits auf, welche innere Einstellung für den Dienst am Kunden Voraussetzung ist, und regt zu Konsequenzen an. Andererseits werden Techniken als Anleitung zum Handeln vermittelt, diese Einstellung in die Praxis umzusetzen.

Wir wünschen Ihnen hierbei viel Erfolg!

Steinbach, im März 1998

Wolfgang H. C. Junge
Martina Junge

Vorwort zur zweiten, überarbeiteten Auflage

Zwei Tendenzen lassen sich in Deutschland in den letzten Jahren zunehmend beobachten:

- das Bemühen um mehr zufriedene Kunden,
- immer mehr Kunden legen weniger Wert auf Service. Sie interessieren sich für möglichst niedrige Preise.

Seit der ersten Auflage dieses Buches im Jahr 1998 unter dem Titel »Konflikte mit Kunden – kein Problem!« hat sich in Sachen Service einiges verändert. Die Absicht, dem Kunden guten Service zu bieten, erleben wir bei Unternehmen in Deutschland immer häufiger: viele kundenfreundliche Oasen sind in der »Servicewüste Deutschland« inzwischen entstanden. Da wir – die Autoren – heute im Ausland leben, fällt uns der Vergleich zu Deutschland leichter:

- Wir hatten aus Deutschland mehrere Solarlampen mitgebracht, von denen einige noch während der Garantiezeit ihren Dienst quittierten. Die Firma Wagner – Firmen, bei denen der Kunde guten Service erlebt, verdienen es, öffentlich beim Namen genannt zu werden – lieferte unbürokratisch. Die defekten Leuchten mussten dazu nicht erst nach Deutschland eingeschickt werden. Wir erhielten kostenlosen Ersatz, obwohl wir nach dem Umzug keinen Kassenbeleg mehr hatten.
- Originalersatzteile für Mischbatterien der Firma Grohe sind hier auf den Azoren praktisch nicht erhältlich. Nach einem Telefonat lieferte uns der Kundendienst von Grohe kostenlos die benötigten Kleinteile.

Ja, es tut sich was. Der Dienst am Kunden *in Deutschland* erscheint uns im Vergleich zum europäischen Ausland – zumindest punktuell – inzwischen besser als sein Ruf:

- Durch einen Streik bei einer nicht-deutschen Fluggesellschaft trafen wir 14 Stunden verspätet nachts auf einem nicht-deutschen Flughafen ein. Unser Weiterflugticket mit einer anderen Airline war inzwischen verfallen. Übermüdet, verärgert und gestresst wandten wir uns um Hilfe bittend an die inzwischen wieder arbeitenden Mitarbeiter der bestreikten Fluggesellschaft. Statt Hilfe erhielten wir Belehrungen, wie wichtig der Streik für die Mitarbeiter sei. Dass wir infolge des Streiks jetzt mehr als 1000 Euro Zusatzkosten wegen verfallener Flugtickets haben, das sei halt unser Pech.

Immer wieder haben Kunden für sich festgestellt, dass Unternehmen sich zwar besseren Service auf ihre Fahnen geschrieben haben, sie aber in der Realität mehr Frust als Lust erleben. Was nützt es da, wenn diese Unternehmen ihre höheren Preise mit dem Slogan rechtfertigen: »Service kostet nun mal!«

So merkt beispielsweise der Einzelhandel, dass die Umsätze bei ALDI oder LIDL zunehmen, denn der Kunde hat für sich gelernt: Die Sache mit dem Service ist nur Gerede und einen gewissen Grundservice liefern die Discounter auch – während andere Einzelhändler über Umsatzeinbrüche in größeren Dimensionen klagen.

Einerseits sehnt sich der Kunde nach gutem Service, andererseits kann er darauf verzichten, wenn der Preis zwar durch einen versprochenen, aber in der Praxis nicht gelebten Service begründet wird. Also: entweder Sie sind in Ihrer Branche der ALDI, oder Sie zeichnen sich durch erlebbaren Service bei Ihrer Zielgruppe aus.

Auch wenn sich vieles im Umgang mit dem Kunden in den letzten Jahren verbessert hat, die nötigen täglichen Anstrengungen in den Unternehmen werden dadurch nicht kleiner. Im Gegenteil: Die professionelle Anwendung der Werkzeuge, wie sie in diesem Buch beschrieben sind, ist ein »Muss«, um ein bereits erreichtes Niveau zu halten und Stück für Stück noch mehr Kundenzufriedenheit zu erreichen.

Insoweit sind die Kapitel

- Wie Sie eine gute Beziehung zum Kunden herstellen
- Strategien im Umgang mit aufgebrachten Kunden
- Charaktere der Kunden einordnen
- Schwierige Gesprächssituationen

nach wie vor aktuell. Sie haben sogar an Aktualität gewonnen, da immer mehr Kundendienstmitarbeiter sich für den Dienst am Kunden engagieren. Und dafür benötigen sie praktisch handhabbare Werkzeuge, wie sie dieses Buch liefert.

Ob der Mitarbeiter die Werkzeuge in konkreten Situationen allerdings anwendet, hängt individuell vom inneren Wertesystem des Mitarbeiters ab. Diese Erkenntnis hat uns dazu veranlasst, die Kapitel über die persönlichen Ressourcen und den Praxistransfer völlig neu zu überarbeiten und dem Buch einen veränderten Titel zu geben.

Wir wünschen Ihnen viel Freude bei Ihrer schönen Aufgabe im Umgang mit dem Kunden!

Ginetes, im März 2003

Wolfgang H. C. Junge
Martina Junge

Inhaltsverzeichnis

Was es bedeutet, unzufriedene Kunden zu haben

Laut einer T.A.R.P.-Studie (T.A.R.P. Technical Assistance Research Project, White House Department of Consumer Affairs) beschweren sich 96 Prozent der unzufriedenen Kunden nicht. Einer, der etwas sagt, steht also für 24 andere, die lediglich mit hochgezogener Augenbraue von Ihnen weggegangen sind.

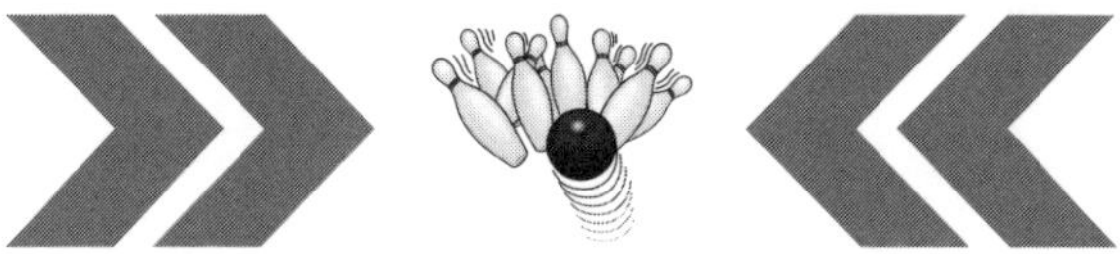

Doch Sie verlieren nie nur einen Kunden, weil Kunden zusammenhalten. Im Durchschnitt erzählt ein unzufriedener Kunde es zehn anderen weiter. Übrigens: auch ein zufriedener Kunde empfiehlt Sie weiter. Er sagt es etwa drei anderen Personen. Ein Ruf ist also schneller ruiniert als aufgebaut.

Wer glaubt, ein Kunde, der sich beschwert, sei verloren, sollte bedenken: Gerade bei einer Panne zeigt sich die Qualität des Service. Fehler können immer entstehen. Die Frage ist nur, wie die Panne behoben oder die Reklamation bearbeitet wird.

Stellen Sie sich vor, jeder Kunde macht bei Ihnen einen Umsatz in Höhe von 1000 Euro pro Jahr (wenn Sie für sich mitrechnen wollen, nehmen Sie Ihre Zahlen). Was bedeutet es, wenn Ihr Unternehmen pro Arbeitstag nur einen Kunden verliert (vielleicht weil seine Beschwerde für ihn nicht zufrieden stellend bearbeitet wurde oder auch nur, weil er Sie mit gerunzelter Stirn oder hochgezogenen Augenbrauen oder rollenden Augen verlässt)? Das bedeutet im Jahr 200 000 Euro entgangener Umsatz. Stammkunden haben eine durchschnittliche Verweildauer von zehn Jahren. Wenn es sich um Stammkunden handelt (oder solche, die es hätten werden können), dann sind das zwei Millionen Euro Umsatz, der Ihnen entgangen ist. Wenn jeder dieser unzufriedenen Kunden nur einen weiteren vergrault, dann bedeutet das einen Umsatzverlust von vier Millionen Euro, nur weil Sie in diesem Jahr an jedem Arbeitstag einen einzigen unzufriedenen Kunden hatten.

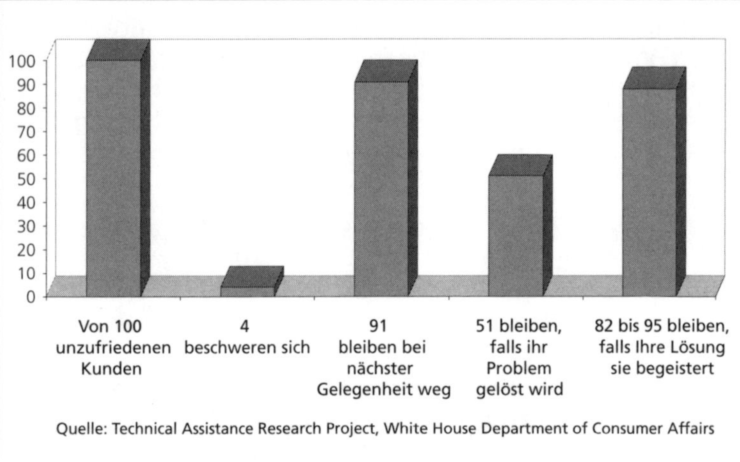

Abbildung 1: Nur jeder 26. unzufriedene Kunde beschwert sich

Der japanische Unternehmensberater Minoru Tominaga sagte in einem Vortrag, dass in Deutschland nur deshalb so viele Kunden nicht wechseln, weil die Konkurrenz noch schlimmer ist. Tatsächlich zeigt eine weitere T.A.R.P.-Studie, dass 68 Prozent der Kunden, die wir verlieren, deshalb zum Wettbewerber gehen, weil sie sich bei uns gleichgültig behandelt fühlen.

Sind Ihnen Ihre Kunden gleichgültig? Sicher nicht. Und trotzdem fühlen sich so viele gleichgültig behandelt. Woran liegt das?

Diese »Gleichgültigkeit« ist ein ganz normales menschliches Verhalten. Wer neue Kunden gewinnt, weiß, was er alles für sie tut: Da werden 25 Angebote verschickt, der Außendienstmitarbeiter fährt dreimal zum Kunden, geht mit ihm essen und Golf spielen, bis der Kunde irgendwann rechts unten unterschrieben hat. Dann bekommt er eine Kundennummer. Und es soll schon vorgekommen sein, dass dann der Service etwas nachgelassen hat. »Der Alltag kehrt ein«, wie man so schön sagt. Das ist wirklich ganz normales menschliches Verhalten.

Betrachten wir den Vorgang auf einer analogen Ebene:

Können Sie sich noch an Ihre erste große Liebe erinnern, an das erste große Rendezvous? Was hat man nicht alles getan, um den neuen Partner für sich zu gewinnen: man war vielleicht vorher beim Friseur oder noch mal unter der Dusche, hat sich nett zurechtgemacht, hier ein Duftwässerchen und da ein Duftwässerchen, hat das strahlendste Lächeln gezeigt und war sogar pünktlich! Als Mann sind Sie vielleicht erst auf die Beifahrerseite gegangen, haben die Autotür geöffnet, die Dame einsteigen lassen, haben die Tür geschlossen und sind dann erst auf die Fahrerseite gegangen. Eventuell haben Sie der Angebeteten einen Blumenstrauß mitgebracht, sich gar vor sie niedergekniet und gesäuselt: »Ich mag dich so. Ich werde dir von heute an jeden Tag eine Blume schenken.«

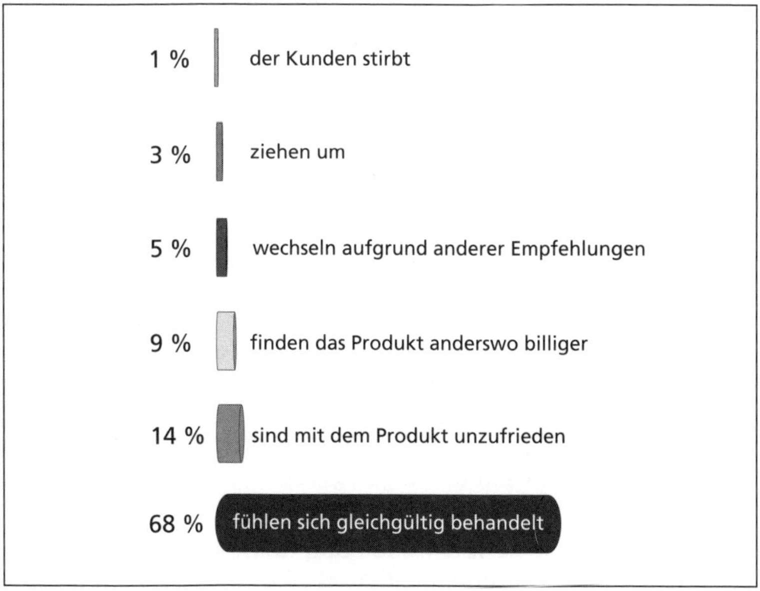

Abbildung 2: Warum Kunden wechseln

So war es in der so genannten Anmach- und Aufreißphase. Und als dann der Partner gewonnen war, er also rechts unten unterschrieben hatte, bekam er zwar keine Kundennummer, aber vielleicht unseren Namen. Und dann soll es schon vorgekommen sein, dass von nun an der Service etwas nachgelassen hat. Wie man so schön sagt: »Der Alltag holt uns ein.« Nicht, dass man den Partner nicht mehr so sehr mag, nein, nein, aber man muss es ihm ja nicht immer zeigen, er weiß es ja.

Und da passiert es dann, dass man sich schon mal mit Lockenwicklern oder mit Gurkenmaske begegnet . Die Autotür kann schließlich wirklich jeder selber auf- und zumachen. Und ein Trockenblumenstrauß hält 20 Jahre. Im Privatleben ist das die Chance für den Liebhaber, der jetzt den Service bietet. Es ist zwar klar, dass auch das irgendwann nachlässt, aber im Moment ist es schön, und schließlich zählt der Moment.

Im geschäftlichen Bereich ist es die Chance für den Wettbewerber, der sich jetzt so um den Kunden bemüht, wie man es selbst einmal getan hat. Zwar weiß unser Kunde, dass auch das irgendwann einmal nachlässt, aber im Moment ist es schön. Und schließlich zählt der Moment.

Wie können Sie nun Kunden binden? – Indem Sie einen Teil der Bemühungen, die Sie bei der Neukundengewinnung angestellt haben, in den Alltag hinüberretten. Denn Neukundengewinnung kostet viel mehr als Kunden durch guten Service zu halten, sodass es sich lohnt, die Energie aus der Neukundengewinnung in den Service der Kundenbindung zu verlagern. Wie leicht sind Kunden zu begeistern, wenn sie nicht nur Freundlichkeit, sondern auch persönliches Engagement spüren. Hier liegt allerdings noch vieles im Argen. Zu häufig wird nur auf Kundenanforderungen reagiert – und mitunter auch das nur recht zögerlich. Kommen Sie den Kundenforderungen zuvor. Agieren Sie. Das alles ist gar nicht neu. Schon früher kannte man die Formulierung »dem Kunden seine Wünsche von seinen Augen ablesen«. Das erfordert aber häufig ein Engagement über Alltagsgeschäfte hinaus.

Stellen Sie sich vor, Sie sind Kunde und rufen in einem Unternehmen an. Ein Sachbearbeiter meldet sich. Sie schildern Ihr Anliegen. »Ja«, sagt eine Stimme am andern Ende, »das macht Frau Müller.

Ich verbinde Sie mal eben.« – Knack – warten ... warten ... warten ... warten ... »Müller.« Sie schildern Ihr Anliegen. »Nein, dafür bin ich nicht zuständig. Das macht die Abteilung X. Moment.« – Und Sie werden weitergereicht und weitergereicht, falls Sie nicht unterwegs sowieso in der Leitung verhungern. Soweit ein Vorgang, wie er – leider – täglich hunderttausendmal in Deutschland geschieht.

Aber heute haben Sie ein außergewöhnliches Erlebnis:

Wieder sagt die Stimme am anderen Ende: »Das macht Frau Müller.« Und weiter fragt sie: »Ist es Ihnen recht, wenn ich Sie gleich einmal mit ihr verbinde? Und ich gebe Ihnen für das nächste Mal auch gleich die Durchwahl von Frau Müller.« Natürlich ist es Ihnen recht. Nach 20 Sekunden meldet sich wieder die gleiche freundliche Stimme: »Frau Müller macht das nicht, sondern die Abteilung X. Ist es Ihnen recht, wenn ich Sie dorthin durchstelle, oder ist es Ihnen lieber, ich bringe erst einmal in Erfahrung, wer bei uns für Ihre Angelegenheit der kompetente Ansprechpartner ist, und ich stelle in zehn Minuten die Verbindung zu Ihnen wieder her?« Sie ziehen es vor, sich zurückrufen zu lassen. Prompt klingelt nach zehn Minuten Ihr Telefon »Schönen guten Tag, Herr Huber, ich hörte, Sie haben ein Problem beim Starten unserer Software. Was kann ich für Sie tun?«

Nicht Sie als Kunde mussten sich kümmern oder gar Druck machen, damit sich endlich jemand Ihres Problems annimmt, sondern jemand hat sich Ihres Problems aktiv angenommen.

Jeder Mensch ist grundsätzlich hochmotiviert, sich zu engagieren. Nichts ist schöner, als am Ende eines Tages sagen zu können: »Der Tag hat sich gelohnt. Ich habe etwas geschafft, ich habe das Dankeschön dafür bekommen, dass ich mich eingesetzt habe.«

Beugen Sie schwierigem Kundenverhalten und verärgerten Kunden vor, indem Sie ihnen außergewöhnlich guten Service durch persönliches Engagement bieten. Wo in der »Servicewüste Deutschland« Oasen entstehen, wo Kunden begeistert sind, wird man immer weniger mit schwierigen Kunden zu tun haben.

Umgang mit schwierigen Kunden heißt nicht, den Kunden dazu zu bringen, dass er sich gefälligst so verhält, wie man der Meinung ist, dass es sich für einen ordentlichen Kunden gehört. Vergeuden Sie nicht Ihre Kraft, indem Sie Ihren Kunden erziehen wollen. Versuchen Sie ganz einfach, ihm gerecht zu werden.

Sowohl unterwürfiges als auch aggressives Verhalten sind dabei unangebracht. Der Kunde wird es zu schätzen wissen, wenn Sie ihm selbstbewusst gegenübertreten. Allerdings mangelt es Kundenberatern mitunter am Selbstbewusstsein, sodass sie dann entweder ins unterwürfige oder aggressive Verhalten abgleiten.

Wie Sie eine gute Beziehung zum Kunden herstellen

Wie bildet man sich eine Meinung über einen anderen? Wie versucht man zu erfahren, was für ein Mensch der andere ist? Nach Dr. Albert Mehrabian entscheiden in einem Gespräch, bei dem man sich sieht, 55 Prozent die Körpersprache, 37 Prozent die Stimme und 7 Prozent der Inhalt der Worte darüber, welchen Eindruck ein Gesprächspartner vom anderen gewinnt. Wahrnehmungsübungen in Seminaren bestätigen diese zunächst kaum vorstellbare Größenordnung immer wieder. Tatsächlich denkt man im Allgemeinen zumeist nur über die Wirkung der Worte nach: noch während der andere spricht, werden in Gedanken die Gegenargumente formuliert. Das wird schließlich schon während der Schulausbildung so gemacht. Dort ist es für eine gute Zensur wichtig, Wissen zu formulieren. Wie die Stimme dabei klingt und welche Figur jemand bei einer mündlichen Leistungskontrolle abgibt, ist für die gute Note zumeist nicht so wichtig. Beim Aufsa-

Im persönlichen Gespräch:

55 Prozent Körpersprache
38 Prozent Stimme
7 Prozent Worte

Am Telefon:

87 Prozent Stimme
13 Prozent Worte

Quelle: Dr. Albert Mehrabian, psych. Inst., kaliforn. Universität, LA

Abbildung 3: Wie Kommunikation stattfindet

gen von Gedichten ist der Klang der Stimme allerdings auch in der Schule interessant. Entsinnen Sie sich? Da gab es eine Zensur für das Auswendiglernen (für die Worte) und eine für den Ausdruck (Klang der Stimme), wenn es gelang, das Versmaß richtig zu erfassen oder eine bestimmte Aussage in die Worte zu legen.

Doch wer hat uns beigebracht, Körpersprache zu benutzen? – Mutter Natur. Körpersprache im Sinne von Gesten und Gebärden ist die ursprünglichste Kommunikationsform. Erst später kamen Laute zur Verständigung dazu. Das Bilden von Worten ist die jüngste Form.

Auf die innere Einstellung kommt es an

Ich bin okay
Du bist okay
Mein Job ist okay

Wenn Körpersprache die innere Befindlichkeit ausdrückt, dann bedeutet das, dass körpersprachlich das passiert, was unserer inneren Einstellung entspricht. Damit schwingt in jedem Gespräch unsere Haltung zu unserer Tätigkeit, zu unserer Firma, zu unseren Kunden und zu uns selber mit.

Hand aufs Herz: Wer steht zu vollen 100 Prozent hinter seiner Firma, seinem Produkt, seiner Dienstleistung, seiner Arbeit? Wer liebt bedingungslos alle seine Kunden? Wer ist mit sich hundertprozentig zufrieden?

Sind Sie mit sich selbst im Reinen?

Mit sich selbst im Reinen sein heißt, sich selbst so zu akzeptieren, wie man ist, und zu seinen Stärken und Schwächen zu stehen. Viele Menschen leben leider in der Vergangenheit und sind mit ihrer Gegenwart nicht so recht glücklich. Sie haben Gedanken wie: »Wenn der damals nicht, dann könnte ich heute ...« Oder: »Nur weil das damals so war, bin ich heute nicht ...« Die Vergangenheit ist vergangen. Aus der Vergangenheit lassen sich Lehren und Erfahrungen ziehen. Wer sich aber mit der Vergangenheit belastet, wird Schwierigkeiten haben, mit dieser Last in die Zukunft zu gehen.

Ein konkretes Beispiel: Als ich 20 Jahre alt war, hatte ich langes, volles Haar. Ich fand das toll, und den Mädchen gefiel es . Mit 22 kamen die ersten Geheimratsecken. Ich war zu tiefst deprimiert. Aber nur so lange, bis ich mir die Haare habe abschneiden lassen. In dem Moment, in dem ich zu der neuen Situation stand, hat auch die Umwelt mich akzeptiert.

Nehmen wir als weiteres Beispiel eine Person, die wir alle kennen. Ich denke an Herrn Wolfgang Schäuble. Nach einem solchen Unfall wäre für viele normalerweise die berufliche Laufbahn beendet. Wenn ein Mensch in dieser Situation trotzdem große berufliche Aufgaben übernimmt, dann kann er das nur, wenn er mit sich selbst im Reinen ist, wenn er für sich festgestellt hat: Das, was geschehen ist, ist geschehen, sich gleichzeitig seiner riesigen Möglichkeiten besinnt und daraus etwas macht. Ein weiteres Beispiel ist der englische Physiker Stephen Hawkings. Seine einzige körperliche Bewegungsfreiheit besteht darin, dass er mit einem Finger die Tastatur seines Computers bedienen kann. Das ist seine einzige Möglichkeit, mit der Umwelt zu kommunizieren. Und dieser Mann, ein Genie, begeistert große Menschenmassen.

Wenn wir solche Menschen vor uns sehen, die sich so akzeptieren können, wie sie sind, dann dürfte es für die meisten, deren momentane Ausgangssituation im Allgemeinen günstiger ist, doch möglich sein, mit sich selbst im Reinen zu sein.

Mögen Sie Ihre Kunden?

Diese Widerlinge! Wie die sich manchmal aufführen!

»Jeder von ihnen hat ein langes und anstrengendes Leben geführt, um endlich so unmöglich zu werden, wie er heute ist.« (Czypionka). Jeder hat die Zeit seines Lebens gebraucht, um so zu werden, wie er heute ist. Wie wurde man zu dem, was man heute ist?

Spätestens seit seiner Geburt versucht ein Mensch, im Zusammenleben mit anderen Menschen möglichst gut zurechtzukommen. Schon ein Baby, das Hunger hat, schreit. Mit welchem Erfolg? Der Hunger wird gestillt. Und so lernt es: »Wenn du etwas erreichen willst, musst du schreien.« Manche haben selbst als Erwachsene immer noch das Programm, schreien zu müssen, wenn sie etwas erreichen wollen.

Die Verhaltensprogramme werden in der Auseinandersetzung mit anderen Menschen gelernt, das heißt, zu jedem Verhalten eines Menschen gibt es einen anderen Menschen, zu dem dieses Verhalten passt. Also schafft es irgendjemand auf dieser Welt, auch mit einem Widerling umzugehen. Wenn es aber jemanden gibt, der mit ihm klarkommt, dann haben Sie als Berater nur das Problem, dass Sie noch nicht herausbekommen haben, wie man mit diesem merkwürdigen Typ umgehen kann. Das ist im wahrsten Sinne des Wortes eine Herausforderung, weil es Sie aus den gewohnten Verhaltensprogrammen heraus fordert.

So, wie der Kunde sich Ihnen gegenüber verhält, genau so entspricht es seinem Verhaltensprogramm, wenn er in einer entsprechenden Situation auf jemanden trifft, der ihm so gegenüber tritt, wie Sie es gerade tun. Sein Verhalten ist seine programmierte Reaktion auf Sie. Das heißt, dass Sie anders agieren müssen, wenn Sie wollen, dass der Kunde anders reagiert.

Nun kann es sein, dass Sie sich aber noch gar nicht verhalten haben, dass der Kunde reagiert, noch bevor Sie agieren konnten. Dann entspricht das seiner Erwartungshaltung, seinem Vor-Urteil-Programm, wie sich »solche Leute wie Sie in solchen Situationen« verhalten. Und das kommt aus seiner Erfahrung, die er oft nicht einmal aus eigenem Erleben gesammelt hat, sondern die er vom Hörensagen kennt.

Jetzt reagieren Sie auf den Kunden entsprechend Ihren Programmen, wie Sie für gewöhnlich auf solche Menschen reagieren. Und Ihre Programme lassen Sie jetzt mehr oder weniger gut mit dem Kunden umgehen.

Sollten Ihre Verhaltensprogramme nicht zum gewünschten Ziel führen, dann ist das der Moment einer echten Herausforderung, die Forderung, aus Ihren Programmen herauszukommen und neues Verhalten auszuprobieren.

Sie meinen, das ist alles nur ein Wortspiel? Gut. Dann zeichnen Sie doch jetzt gleich einmal ein Quadrat mit drei Strichen. Finden Sie bitte beide Lösungen. Bitte überlegen Sie zunächst selbst, bevor Sie auf Seite 26 nachsehen.

Was hat es so schwierig gemacht, die Lösungen zu finden? Da hat sich ein Programm aus der Schulzeit gemeldet: »Ein Quadrat besteht aus vier Strichen.« Dieses Programm verhindert, die einfachen Lösungen zu finden: wenn ein Quadrat mit drei Strichen zu zeichnen ist, dann bedeutet das nicht, dass Sie *nur* drei Striche verwenden dürfen. *Mit* hat auch manchmal die Bedeutung von *und* .

Das Verhalten eines Kunden fordert also heraus, erlernte Programme zu verlassen. Nach diesem ersten Schritt sind Lösungen mitunter ganz einfach.

So wird aus einem »Widerling« ein »merkwürdiger Typ«, mit dem man versucht, gut klarzukommen. Und schon haben Sie Ihre Haltung gegenüber Ihrem Kunden geändert.

Das ist doch nur Tünche, werden Sie eventuell einzuwenden haben. Sie haben Recht. Mitunter sind es viel tiefer verwurzelte Einstellungen, Werte, Glaubenssätze, die unser Denken, Fühlen und Handeln lenken. Gern lade ich Sie dazu ein, an Ihren Glaubenssätzen zu arbeiten. Den Einstieg dazu finden Sie im Kapitel »Ihre persönlichen Ressourcen – Emotionale Kompetenz«.

Lieben Sie Ihren Job und Ihre Firma?

Die Engländer hatten in den 70er Jahren eine Losung, die lautete: »Love it, change it or leave it«. Oder vielleicht kennen Sie auch den Spruch von Oettinger: »Gott gebe mir den Mut, die Dinge zu verändern, die ich verändern kann, die Gelassenheit, die Dinge hinzunehmen, die ich nicht ändern kann, und die Weisheit, das eine vom anderen zu unterscheiden.«

Es gibt Mitarbeiter, die mit ihrem Kollegen hinter vorgehaltener Hand reden, wenn ihnen im Unternehmen etwas nicht gefällt. Derartige Gespräche sind schade um die aufgewendete Energie. Solche Mitarbeiter signalisieren durch ihre Körpersprache und den Klang ihrer Stimme auch gegenüber Kunden: »Also, ich kann gar nicht verstehen, warum Sie hier noch Kunde sind, ist doch eigentlich ein Saftladen. Die Kunden müssen ganz schön blöde sein, hier zu kaufen.« Wäre es nicht besser, die Energie für Veränderungen zu verwenden, wenn man feststellt, dass es im eigenen Unternehmen kundenunfreundliche Verfahrensweisen gibt?

Jeder ist tief in seinem Inneren hochmotiviert, sich zu engagieren. Allerdings haben einige die Erfahrung gemacht, dass ihre Initiative nicht belohnt, sondern eher bestraft wurde. Persönliches Engagement hat sich nicht gelohnt. Sie sind mit dem Kopf gegen die Wand gelaufen. Das Basisprogramm des menschlichen Gehirns lautet aber, alles zu tun, um Schmerzen zu vermeiden, und vieles zu tun, um Freude zu erleben. So hat manch einer den Leitsatz: »Wenn du dich zu weit aus dem Fenster beugst, bekommst du einen Tritt. Es lohnt sich nicht. Lass dir darum sagen, was du machen sollst. Das ist dann deine Aufgabe. Alles andere geht dich nichts an. Darum sollen sich die kümmern, die dafür bezahlt werden.«

Für einen guten Dienst am Kunden sollten Sie aber den Mut haben, das verschüttete Engagement wieder auszugraben. Von »oben« – von der Firma, vom Gesetzgeber – müssen im Gegenzug Systeme installiert werden, die dieses Engagement über den Tellerrand hinaus nicht mehr bestrafen, sondern sogar belohnen. Leistung muss sich lohnen.

Wenn Sie sich für kundenfreundliche Verfahrensweisen in Ihrem Unternehmen engagieren, werden Sie wahrscheinlich tatsächlich etwas verändern. Der Erfolg steigert Ihr Selbstwertgefühl. Schaffen Sie keine Veränderung, so hatten Sie entweder die falsche Strategie oder einen nur mangelnden Überblick. Entweder können Sie jetzt damit leben, oder Sie sollten Ihre Strategie verbessern – oder sich selber verändern.

Wie kann Ihre Strategie aussehen, Ideen für Veränderungen Ihrer Führung zu verkaufen?

Mitarbeiter, die ständig Kundenkontakt haben, wissen am ehesten, was in ihrem Unternehmen mit dem Ziel einer immer besseren Kundenorientierung getan werden kann. Sie spüren es in ihrer täglichen Arbeit.

Gut ist es, wenn Sie für Veränderungsvorschläge im Unternehmen unbürokratische kurze Wege haben, wenn sich Ihre Führung über jeden Vorschlag freut, weil so ein Pool für Innovationen im Unternehmen entsteht.

Sollten Sie hingegen Schwierigkeiten haben, ein offenes Ohr für Veränderungen zu finden, dann soll Ihnen folgende Strategie weiterhelfen, die eine Expedientin eines Reisebüros angewandt hat:

- Machen Sie eine genaue Gewinn-Verlust-Rechnung, was Ihr Vorschlag in Euro bedeutet. Für das Management zählt letztlich nur, was unter dem Strich dabei herauskommt. Diese Rechnung sollte realistisch und zugleich schockierend sein.

- Reichen Sie Ihren Vorschlag schriftlich ein. Das legt Sie einerseits fest, andererseits hat Ihre Führungskraft ein paar Tage Zeit, sich in Ruhe damit zu beschäftigen und anzufreunden.
- Damit Sie nicht in die Ecke der Meckerer gestellt werden, sollte in jedem Satz spürbar sein,
  - dass Sie sich für Ihre Kunden und damit für das Wohl Ihres Unternehmens engagieren und
  - was Sie selbst beitragen werden, um diesen Vorschlag umzusetzen.

Wie geht es nach so einem Schreiben weiter?

Entweder Ihr Vorschlag wird umgesetzt oder nicht. Wird er umgesetzt, dann: Herzlichen Glückwunsch! Im Allgemeinen wird es so leicht nicht gehen. Wenn es so leicht wäre, würde es ja jeder machen. Sie werden auf Widerstände stoßen, im vorliegenden Fall voraussichtlich bei der zentralen Buchhaltung, die jetzt mehr Arbeit hat oder sich einfach nur umstellen muss, also gegen ihre eigene Trägheit anzukämpfen hat. Lösen Sie diesen Konflikt und andere eventuell auftretende, und Sie haben einen Weg gefunden, wie man heute noch Karriere machen kann.

Nichts ist schlimmer, als wenn jemand seinen Job nur aus sozialen Ängsten heraus macht. Dann ist er mit dem Job nicht zufrieden.

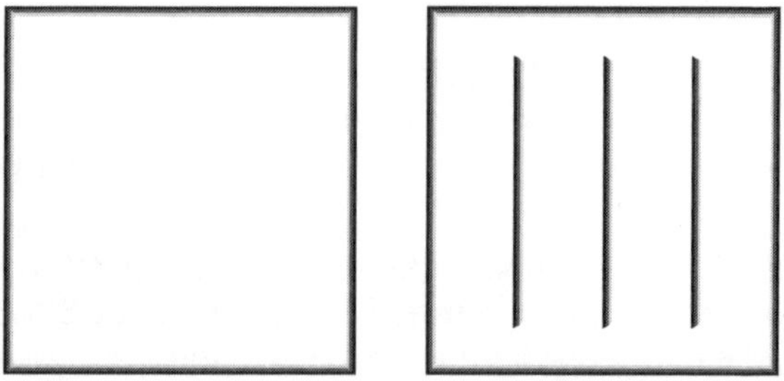

Quelle: Seminar bei Vera F. Birkenbihl

Abbildung 4: Auflösung der Aufgabe: Zeichnen Sie ein Quadrat mit drei Strichen

Sehr geehrter Herr Leitner,

seit einiger Zeit beobachte ich, wie uns durch unsere Buchungsvorgänge immer wieder Kunden verloren gehen. So erst wieder vor drei Tagen geschehen mit der Kundin Springfeld.
Frau Springfeld gehört einerseits in die Kategorie der schwer zufrieden zu stellenden Kunden und andererseits hat sie in den letzten zwei Jahren für ca. 45 000 Euro bei uns gebucht und immer umgehend gezahlt. Inzwischen buchte sie nicht nur ihre Reisen bei uns, sondern vermittelte uns auch die Buchungen für ihre Kollegen und Bekannten.
Ich bin der Kundenberater für Frau Springfeld. Ihre letzte Reise hatte sie sehr kurzfristig gebucht. Dadurch hat sie die Rechnung für die Auslandskrankenversicherung in Höhe von 36 Euro nicht rechtzeitig an uns überwiesen. Nach der zweiten Mahnung durch unsere zentrale Buchhaltung hat Frau Springfeld völlig aufgebracht bei mir angerufen: die Rechnung sei seit zehn Tagen beglichen. Ihre Worte:
»Überlegen Sie mal, wie viel Sie inzwischen an mir verdient haben. Ihr Kundenumgang gefällt mir nicht. Wenn Sie wegen 36 Euro so böse Mahnbriefe schicken, dann müssen Sie es sehr nötig haben. Außerdem ist die Rechnung seit nunmehr zehn Tagen längst bezahlt. Ich werde mir ein Reisebüro suchen, das kein Chaos in seiner Verwaltung hat. Im Übrigen konnte ich auch kaum früher zahlen, weil ich erst vor gut zwei Wochen von der Reise zurück bin, wie Sie Ihren Unterlagen zweifelsfrei entnehmen könnten. Statt sich dafür zu interessieren, ob ich mit der Reise zufrieden war – es war schließlich Ihre Empfehlung – schicken Sie mir so eine alberne Mahnung.«
Leider ist das nicht der erste Fall. Es kommt immer wieder vor, dass wir Kunden durch ungerechtfertigte Mahnungen verlieren. Aus dem letzten Jahr sind mir zwei weitere Fälle bekannt, wo uns Kunden mitgeteilt haben, dass sie uns aus diesem Grund verlassen.
Bekannt ist, dass nur jeder 20. Kunde sich beschwert. Die anderen beklagen sich nicht, sondern bleiben bei nächster Gelegenheit einfach weg. Das heißt, dass diese drei Kunden für insgesamt 60 Kunden gesprochen haben, die wir im letzten Jahr aufgrund unserer Mahnpraxis verloren haben. Jeder Kunde bringt im Jahr etwa 1000 Euro Umsatz. Als Stammkunde bleibt er uns im Schnitt zehn Jahre erhalten. Das bedeutet einen Umsatzverlust im letzten Jahr von 600 000 Euro allein durch die Praxis unseres Mahnwesens.
Ich schlage deshalb vor, dass wir Expedienten zwei Tage bevor eine Mahnung rausgeht informiert werden. Durch unsere gute persönliche Kundenbeziehung werden wir:

1. eventuelle Außenstände schneller hereintelefonieren,
2. dabei die gute Beziehung zum Kunden aufrechterhalten,
3. böses Blut durch eventuelle zeitliche Überschneidungen zwischen Zahlung und Buchung vermeiden und
4. verhindern, dass uns durch 36 Euro Außenstände ein Kunde verloren geht, der in den nächsten acht Jahren wenigsten noch 150 000 Euro Umsatz hätte machen können.

Ich freue mich auf ein Gespräch mit Ihnen. Bis dahin werde ich mir überlegen, wie wir diesen Gedanken der zentralen Buchhaltung verkaufen.

Mit freundlichen Grüßen
Bettina Zuversicht

Automatisch ist sein Arbeitgeber mit den Ergebnissen seiner Arbeit nicht zufrieden. Und bei der nächsten Gelegenheit, das spürt er schon, ist er derjenige, der geht. Wer andererseits mit seiner Arbeit glücklich ist, schafft bessere Ergebnisse, und auch die Firma ist von ihm begeistert.

Weil der Mensch wahrscheinlich nur ein Leben hat, bin ich dafür, dass jeder aus diesem Leben, von dem er mit Sicherheit sagen kann, dass er es hat, das Optimale macht. Damit er, wenn er sich mit 80 oder 120 Jahren dann doch irgendwann einmal zur Ruhe setzt und den Lebensfilm ablaufen lässt, rückblickend sagen kann: »Toll war's! Spaß hat's gemacht! Großartig! Einmalig! Es hat sich gelohnt! – Und tschüss!«

Den größten Teil unseres wachen Lebens verbringen wir zwischen dem 20. und 60. Lebensjahr mit Arbeit. Das heißt, in diesem wichtigen Lebensabschnitt ist die Arbeit die wesentliche Sinnhaftigkeit unseres Lebens. Darum muss die Arbeit Lebensfreude in uns erzeugen. »Love it, change it or leave it.«

Die Bedeutung der Körpersprache

Das Grundprinzip dabei heißt: Arbeiten Sie Gemeinsamkeiten mit Ihrem Gesprächspartner heraus, gehen Sie mit ihm in Resonanz. Je mehr Ähnlichkeiten mit sich selbst der Kunde in Ihnen entdeckt, desto leichter können Sie eine harmonische Beziehung herstellen. Tatsächlich verstehen sich Menschen mit vielen Ähnlichkeiten im Allgemeinen besser.

Dahinter steckt der uralte Mechanismus, dass etwas Fremdes – sei es ein unbekannter Mensch, eine neue Situation, ein neuer Gedanke oder auch nur eine andere Meinung – zunächst als eine potenzielle Gefahr erscheint.

Stellen Sie sich die Situation bei einer Tagung vor. Viele Menschen kommen in einem unbekannten Raum zusammen. Wenn die Tagungsteilnehmer sich untereinander nicht kennen, wie verhalten sie sich? Der erste, der in den Raum kommt, setzt sich häufig nicht in die erste Reihe, sondern sucht sich einen geschützten Seitenplatz: Gefahr droht von dem Referenten und den anderen Teilnehmern. Wenn der Nächste den ersten nicht kennt, wird er sich im Allgemeinen nicht neben ihn setzen.

Diese und ähnliche Mechanismen sind Ausdruck dafür, dass in einer unbekannten Situation mit fremden Menschen erst einmal geklärt werden muss, ob es jetzt gegeneinander geht oder man miteinander kann. Wenn Sie hingegen in eine Situation kommen, in der Ihnen vieles bekannt vorkommt und Sie möglicherweise auch die anderen Menschen kennen, entsteht schneller Vertrauen. Militärs kennen diesen Mechanismus schon lange sehr genau. Nicht umsonst werden alle Soldaten in die gleiche Uniform gesteckt, marschieren im Gleichschritt und singen gemeinsame Lieder. Auch Jugendgruppen demonstrieren beispielsweise Zusammengehörigkeit durch äußerliche Gemeinsamkeiten.

Je nachdem, ob Ihr Kunde auf einer Baustelle oder in einer Bank arbeitet, wählen Sie angemessene Kleidung, um akzeptiert zu werden.

Zum Thema Körpersprache gibt es viele gute Bücher, die zeigen, welche Bedeutung einzelne körpersprachliche Signale haben können. Betrachten Sie bei der Interpretation von Körpersprache immer den Menschen in seiner Gesamtheit:

Das Wort »Körpersprache« besteht aus dreizehn Buchstaben. Um das Wort »K-ö-r-p-e-r-s-p-r-a-c-h-e« lesen zu können, muss man die Bedeutung möglichst vieler einzelner Buchstaben kennen. Die isolierte Betrachtung einzelner Buchstaben lässt noch keinen Rückschluss auf die Bedeutung des ganzen Wortes zu. Übertragen: Körpersprache besteht aus vielen einzelnen körpersprachlichen Signalen, deren Einzelbedeutung man kennen sollte, um dann von der Gesamtheit auf den Menschen zu schließen.

Wie ist das nun mit dem gezielten Einsatz von Körpersprache? Lässt sich damit Einfluss auf Kunden nehmen? Der bewusste Einsatz von Gesten eignet sich beispielsweise, um die eigene Rede zu unterstreichen. Außerdem lässt sich Körpersprache auch einsetzen, um den Gesprächspartner zu spiegeln. Der bewusste Einsatz der gesamten Körpersprache scheint hingegen kaum möglich zu sein. Stellen Sie sich vor, Sie sollten bewusst den Einsatz sämtlicher Muskelfasern steuern ...

Das bedeutet, dass auch ein Profi nur wenige Körpersignale bewusst steuert, während alles andere Ausdruck der inneren Befindlichkeit bleibt. Denn wenn aufgesetzte Körpersprache im Widerspruch zur inneren Befindlichkeit des Gesprächspartners steht, führt dies zu einer gewissen Irritation. So kann es dann sein, dass der Kunde nach einem Gespräch sagt: »Das hörte sich alles ganz gut an, aber irgendwie habe ich das Gefühl, dass da was nicht stimmt. Ich weiß nur nicht, was.«

Wenn Sie eine gute Beziehung zum Gesprächspartner über die Körpersprache herstellen wollen, sollten Sie den anderen nicht imitieren. Das wäre der guten Absicht zu viel. Und zu viel Medizin wird schnell zu Gift. Aber »spiegeln« Sie ruhig einmal einige körpersprachliche Grundzüge. Sie können sich so besser in den anderen hineinversetzen. Und wenn Sie seine Körpersprache gut aufgenommen haben, dann verändern Sie doch einmal nach und nach die Details: Verändern Sie die Armhaltung, wechseln Sie Standbein und Spielbein oder Ähnliches. Wenn Ihr Gesprächspartner mit Ihrer Veränderung mitzieht, dann ist das ein gutes Zeichen, dass er – bewusst oder auch unbewusst – um eine gute Beziehung zu Ihnen bemüht ist und die Resonanz, die Harmonie sucht.

Wie Sie Ihre Stimme nutzen können

Sprechgeschwindigkeit

In einem Seminarhotel hatte ich folgendes Erlebnis: Eine halbe Stunde vor Veranstaltungsbeginn stellte ich im Tagungsraum fest, dass die Klimaanlage nicht funktionierte. Also ging ich, um jemanden vom Hotel anzusprechen. Ein Mitarbeiter kam mir gemächlichen Schrittes entgegen. In meinem etwas schnelleren Tempo erklärte ich ihm die Situation. Er mag mich als hektischen Chaoten empfunden haben, während ich ihn eher als lahm bezeichnet hätte. Er antwortete in einem Tempo, das einer Schnecke langsam vorgekommen wäre: »Ich ha-be kei-nen Schlüs-sel.« Ich mäßigte mein Sprechtempo. Da konnte er sich daran erinnern, wer den Schlüssel haben könnte. Zehn Minuten später kam er in den Seminarraum zurück, um mir mitzuteilen, dass die Klimaanlage jetzt funktioniere. Ich habe mich dann ganz gemächlich bei ihm bedankt. Wir hatten gemeinsam eine Aufgabe, nämlich dafür zu sorgen, dass optimale Bedingungen für das Seminar geschaffen werden. Während ich Betriebsamkeit erwartete, entsprach es seinem Wesen zu sagen: »In der Ruhe liegt die Kraft.« Hätte ich weiterhin auf meinem Tempo bestanden, wäre er auf der Sachebene blockiert geblieben, und wir hätten nicht miteinander, sondern gegeneinander gearbeitet. Ich habe ihn nicht imitiert, sondern mich nur in seine Richtung begeben und mich ihm genähert. Das erwiderte er, indem sich seine Denkblockaden lösten und ihm einfiel, wer den Schlüssel haben könnte …

Wenn Sie so einen hektischen Kunden haben und Sie eher ruhig sind, dann können Sie die Beziehung enorm verbessern, indem Sie Ihr eigenes Tempo etwas anziehen.

Aber wenn der Kunde Sie anbrüllt, brüllen Sie bitte nicht zurück.

Spiegeln Sie seine Intensität, die hinter dem Brüllen steckt. Vermitteln Sie ihm, dass Sie sofort und schnell handeln werden.

Aussprache

Da der Klang der Stimme insbesondere am Telefon für eine gute Beziehung sorgen kann, sollten Sie von Zeit zu Zeit Ihre Gespräche zu verschiedenen Tageszeiten mitschneiden. Sie werden interessante Entdeckungen machen. Vielleicht klopfen Sie sich voller Stolz auf die Schulter. Dann ist das eine Streicheleinheit für die Seele. Vielleicht stellen Sie auch an sich fest, was Sie bereits an anderen Gesprächspartnern am Telefon gestört hat: nuscheln, undeutliche Aussprache, verschluckte Endungen oder zu wenig Schwung. Dann empfehle ich Ihnen einige Übungen aus dem Sprechunterricht, die man mit viel Spaß auch am Abend zu Hause durchführen kann. Ein Beispiel:

Wenn Sie am Abend eine Flasche Wein entkorken, dann werfen Sie den Korken nicht weg, sondern schneiden sie ihn in zentimeterdicke Scheiben. Nehmen Sie so eine Korkenscheibe zwischen die Zähne, und sprechen Sie mit der Korkenscheibe im Mund. Um sich verständlich zu machen, müssen Sie jetzt besonders deutlich artikulieren. Die Sprechmuskeln werden trainiert. Im täglichen Sprechen wird man oft etwas »maulfaul« und lässt die Mundmuskeln hängen. Wenn Sie mit dieser Korkenübung Ihre Muskulatur trainieren, überträgt sich das auch in den Alltag, und Ihre Aussprache verbessert sich. Versuchen Sie einmal, den folgenden Satz mit einer Korkenscheibe zwischen den Zähnen zu sprechen:

»Dies ist ein Scheit, ein Gleißenscheit. Den schickt uns die Frau Weise aus Meißen. Ihr Mann heißt Weise und schleißt Scheite. Und eh' er des morgens drei Mund voll gebissen, hat er schon zwei große Haufen Scheite geschlissen.«

Was Worte bewirken

Auch die Wahl Ihrer Worte hat Einfluss darauf, ob Sie dem Kunden sympathisch sind.

Kennen Sie MALUMA oder TAKETE? Es sind weder Fachausdrücke noch Wörter aus dem Chinesischen oder einer anderen Sprache. Es sind zwei Kunstworte. Obwohl Sie die Bedeutung der beiden Worte nicht kennen, werden Sie bemerkt haben, dass MALUMA eher warm, weich, rund und angenehm klingt, während TAKETE eher kalt, hart, spitz und unangenehm ist. Das heißt, dass jedes Wort, das jemand sagt, im Gesprächspartner ein wie auch immer geartetes Gefühl auslöst. Sie haben es mit Ihren Worten in der Hand, bei Ihrem Gesprächspartner die gewünsch-

Quelle: Zeitschrift P. M. Perspektive, Psychologie, 1991

Abbildung 5: Worte lösen Gefühle aus

ten Gefühle auszulösen. Wenn Sie negative Gefühle auslösen wollen, dann können Sie das gern tun. Schade ist es nur, wenn Sie es positiv meinen, aber durch Ihre Wortwahl negative Gefühle beim Gesprächspartner hervorrufen.

Etwas tun müssen oder etwas gern tun

»Da muss ich mal nachsehen«, »da muss ich mal nachfragen« ... sind gängige Formulierungen. Was signalisiert man einem Gesprächspartner durch das Wort »müssen«? »Müssen« hat immer etwas mit Zwang zu tun. Was man muss, das macht man nicht gern. »Da muss ich mal nachsehen« heißt also: »Wegen dir, Kunde, muss ich jetzt, ich würde jetzt lieber etwas anderes tun.« Eine Formulierung wie »Gern sehe ich für Sie einmal nach«, lässt den Kunden spüren, dass Sie sich für ihn engagieren.

Solche Formulierungen haben auch Auswirkungen auf uns selber. »Müssen« hat bestimmte Autosuggestionen zur Folge. Wer oft genug wiederholt »ich muss ...«, lebt in einer Welt voller Zwänge. Das ganze Leben ist eine einzige Pflichtveranstaltung. Was spricht dagegen, die Dinge, die wir sowieso tun, gleich gern zu tun? Das steigert automatisch die Lebensfreude.

»Ja, und« statt »Ja, aber«

Wenn zwei Menschen ihre Meinung austauschen, geschieht das oft auf folgende Weise:

A: Das ist so.

B: Ja, aber das ist anders.

Mit dem »Ja« bestätigt B die Meinung von A, und mit dem »Aber« geht er in Konfrontation, sagt den Kampf an. Da es Menschen häufig wichtiger ist, Recht zu haben, als das sachliche Problem zu klären, fordert das »Aber« den Widerspruch bei A direkt heraus. In diesem Gewinner-Verlierer-Spiel geht es bald nicht mehr um das sachliche Problem, sondern darum, Recht zu behalten.

Wenn der Dialog so läuft:

A: Ich bin der Meinung X.

B: Ja. Und lassen Sie mich folgenden Gedanken hinzufügen ...

dann sind beide Gesprächspartner gleichberechtigt. Ein Gewinner-Gewinner-Dialog ist möglich.

Wenn Sie möchten, dass der Kunde etwas für Sie tut

»Da müssen Sie uns mal den Beleg zuschicken.« – So oder ähnlich bitten Kundenberater ihre Kunden darum, etwas für sie zu tun. Die Höflichkeitsform ist auf jeden Fall besser: »Ich bitte Sie, uns den Beleg zuzuschicken.« Geben Sie dem Kunden außerdem einen Grund an, warum er etwas tun soll.

Folgendes Experiment wurde gemacht: Eine Abteilung bekam einen Kopierer geliefert. 20 Kollegen standen davor, weil jeder etwas kopieren wollte. Jemand ging an der Schlange vorbei nach vorn und sagte: »Gestatten Sie, ich möchte nur mal schnell kopieren.« Können Sie sich den Aufstand vorstellen, den die 20 Kollegen machten? Das Experiment wurde wiederholt. Wieder standen 20 Leute in der Schlange, und einer ging nach vorne. Diesmal sagte er: »Gestatten Sie, ich habe nur zwei Seiten, darf ich mal schnell.« Der Aufstand war schon kleiner, obwohl die anderen auch nur zwei, drei Blatt zu kopieren hatten. Und ein drittes Mal dasselbe Experiment. Diesmal formulierte der sich Vordrängelnde: »Der Chef braucht die drei Seiten sofort. Darf ich mal schnell kopieren?« – Kaum einer rebellierte. Darum: Wenn Sie möchten, dass der Kunde etwas tut, geben Sie ihm eine einsichtige Begründung, um so Ihrer Bitte nachzukommen.

Und ein Letztes: Erst das Zuckerbrot und dann die Peitsche, das heißt, erst die Begründung und dann die Bitte: »Damit die Buchhaltung das schnell für Sie bearbeiten kann, bitte ich Sie, uns den Beleg zuzuschicken.« Die umgekehrte Formulierung »Ich bitte Sie, uns den Beleg zuzuschicken, damit die Buchhaltung das schnell für Sie bearbeiten kann«, ist nicht so elegant, weil eine Entschuldigung, eine Rechtfertigung mitschwingt. Und das Sprichwort sagt: »Wer sich rechtfertigt, klagt sich an.« Wenn ein

Politiker erst einmal Erklärungen abgibt, wird meistens deutlich, dass da etwas faul ist.

Sagen Sie, was Sie tun können

Immer, wenn Sie Ihrem Kunden sagen: »Ich kann da nichts machen«, »das geht nicht«, »das ist unmöglich«, dann fühlt er sich ohnmächtig. Er ist zu Ihnen gekommen, weil er ein Problem hat. Sie haben die Macht, etwas zu tun. Er will, dass Sie von dieser Macht Gebrauch machen. Wenn Sie ihm jetzt signalisieren, dass er von Ihnen keine Hilfe erwarten kann, reagiert er wie ein verletztes Raubtier: in seiner ohnmächtigen Wut schlägt er um sich.

Richtig ist auch, dass es nicht immer und für jedes Problem des Kunden eine schnelle und zufrieden stellende Lösung gibt. Vielleicht gibt es Teillösungen, einen ersten Schritt in Richtung einer Lösung, eine Alternative, eine provisorische Soforthilfe oder zumindest die gute Absicht, dem Kunden helfen zu wollen. Wenn der Kunde spürt, dass Sie engagiert sind und verschiedene Möglichkeiten probieren, Sie versuchen, Unmögliches möglich zu machen, dann ist er auch eher bereit zu akzeptieren, wenn etwas wirklich nicht geht.

Überblick

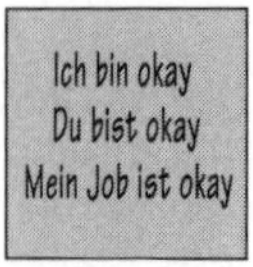

Die innere Einstellung

- Mit sich selbst im Reinen sein
- Seine Kunden mögen
- Seine Tätigkeit, seine Firma mögen

Körpersprache

- »Spiegeln«
- Gemeinsamkeiten herausarbeiten
- In Resonanz gehen

Stimme

- Sprechgeschwindigkeit
- Aussprache
- Stimmlage, Klang der Stimme
- Schwung

Worte

- Etwas tun müssen oder etwas gern tun
- »Ja, und« statt »Ja, aber«
- Wenn Sie möchten, dass der Kunde etwas für Sie tut
- Sagen Sie, was Sie tun können

Strategien im Umgang mit aufgebrachten Kunden

Ein aufgebrachter Kunde will nicht logisch behandelt werden. Bevor Sie wieder sachlich mit ihm reden können, braucht er zunächst Ihre »psycho«-logische Behandlung.

Stellen Sie sich vor, Sie kommen bei einem Verkehrsunfall auf einer Landstraße als Einziger hinzu. Es hat Verletzte gegeben. Wie reagieren Sie? Sie könnten sagen: »Was soll's, ich bin kein Arzt und kann sowieso nicht helfen.« Und Sie fahren weiter. Das wäre unterlassene Hilfeleistung und strafbar. Oder Sie stellen ein Warndreieck auf, damit nicht noch mehr passiert, und leisten so gut Sie können Erste Hilfe. Fragen Sie in dem Moment, wer Schuld an dem Unfall hat, wer wem die Vorfahrt genommen hat? »Sie haben dem andern die Vorfahrt genommen. Mit Ihrem gebrochenen Bein müssen Sie selber klarkommen.«

Wenn ein aufgebrachter Kunde zu Ihnen kommt, hat er zwar keinen physischen Beinbruch, aber einen psychischen. Jetzt könnten Sie wieder sagen: »Was soll's, ich bin kein Psychologe und kann sowieso nicht helfen.« Das wäre wieder unterlassene Hilfeleistung. In diesem Fall ist sie merkwürdigerweise noch nicht strafbar. Nun sind Kundendienstmitarbeiter in der Regel keine Psychologen, aber bereits die Anwendung einfacher Methoden einer psychologischen Ersten Hilfe können manchmal Wunder bewirken.

Erste Maßnahmen und Soforthilfe

Im Folgenden geben wir Ihnen einen Erste-Hilfe-Kurs im psychologisch geschickten Umgang mit verärgerten Kunden. Wenn Sie bisher beispielsweise bei zehn verärgerten Kunden mit fünf gut umgehen konnten, dann sollen Ihnen die folgenden Hinweise helfen, mit sechs, sieben oder acht klarzukommen. Ein Rest wird bleiben. Dort, wo Ihre Strategie dem Kunden gegenüber bisher gut funktioniert hat, verändern Sie bitte nichts, auch wenn unsere Hinweise etwas anderes besagen. Auch müssen nicht immer alle einzelnen Maßnahmen angewendet werden. Je nach Grad der Verärgerung reichen mitunter zwei oder drei der Punkte völlig aus. Was können Sie tun?

Separieren

Unter vier Augen lassen sich viele Dinge besser besprechen. Wenn sich der wütende Kunde vor anderen Kunden oder weiteren Mitarbeitern im Raum darstellen will, kann er schwerlich von seinem Standpunkt abweichen, ohne sein Gesicht zu verlieren. Nehmen Sie ihn also an die Seite oder, noch besser, gehen Sie mit ihm in einen anderen Raum.

Über Eck setzen

Sitzen nimmt viel Aggression. Das, was beim Psychologen die Couch ist, erreichen Sie durch das Hinsetzen. Setzen Sie sich über Eck. Ein Gegenüber erzeugt mehr Konfrontation. Etwas zu trinken hilft, Stress abzubauen.

Das eigene Kühlsystem einschalten

Wenn ein Kunde seinen Ärger auslebt, entfalten auch Sie im Allgemeinen ein gewisses Aggressionspotenzial. Tatsächlich können wir mit dem Ärger des Kunden nur so gut umgehen, wie wir gelernt haben, mit uns selber umzugehen. Wie sollte man auch jemanden beruhigen können, wenn man selbst aufgeregt ist? Je mehr emotionale Kompetenz – die Kompetenz mit den eigenen Emotionen und denen Ihres Gesprächspartners klug umzugehen – Sie besitzen, desto weniger Ärger werden Sie erleben. Denn Ärger ist nichts weiter als der Krieg, der im Kopf stattfindet.

Jeder sollte seine eigenen Möglichkeiten finden, mit seinem Stress fertig zu werden. Was bei dem einen Stress abbaut, kann bei einem anderen Menschen Stress steigern: Wer gern Sport treibt, wird dadurch Stresshormone abbauen. Bei anderen entsteht mehr Stress schon allein bei dem Gedanken, jetzt wieder eine halbe Stunde joggen zu müssen.

Hier ein paar Anregungen, um negative Gefühle nicht mit in das nächste Gespräch zu nehmen:

Loslassen

Machen Sie zwischendurch eine Arbeit, die Ihnen leicht von der Hand geht, also Erfolgserlebnisse schafft.

Positiver Stress frisst negativen Stress

Lassen Sie sich von gut gelaunten Kollegen aufheitern. Blicken Sie in den Spiegel, und lächeln Sie sich selber an. Aktivieren Sie irgendwie Ihre Lachmuskeln. Das erzeugt positive Stresshormone, die den Frust auffressen.

Abreagieren

Schreiben Sie diesem »blöden« Menschen einen bitterbösen Brief – aber schicken Sie ihn nie ab.

Strategien, um in der Situation sofort bessere Gefühle in sich zu erzeugen

»Was braucht man, um ein Krokodil zu fangen? – Man benötigt ein Fernrohr, eine Pinzette und eine Streichholzschachtel. Damit ausgerüstet geht man zum Nil und ruft das Krokodil. Wenn es kommt, holt man schnell das Fernrohr, dreht es um und schaut verkehrt herum hindurch. Plötzlich ist das Krokodil winzig klein, man nimmt es mit der Pinzette auf und tut es schnell in die Streichholzschachtel.« (Cora Besser-Siegmund)

Sehen Sie Ihren wütenden Kunden durch Ihr Spezialfernrohr, sehen Sie ihn winzig, wie er zu Ihnen hoch schimpft, greifen Sie in Ihre Tasche, und umfassen Sie eine dort für diese Zwecke stationierte Streichholzschachtel: »Da kommst du gleich rein!«

Oder setzen Sie dem Menschen, der mit Ihnen schimpft und Sie böse ansieht, gedanklich eine Clownsnase auf.

Machen Sie einen Kurzurlaub. Schließen Sie Ihre Augen, und stellen Sie sich vor, Sie sind an dem schönsten Platz, den es für Sie auf diesem Planeten gibt. Schauen Sie sich um. Was gibt es dort alles zu sehen: vor Ihnen, hinter Ihnen, neben Ihnen. Welche Geräusche nehmen Sie wahr? Vielleicht das Rauschen eines Baches oder das Zwitschern von Vögeln ... Spüren Sie etwas auf Ihrer Haut, Wärme vielleicht oder Wind? Liegt irgendein Geruch in der Luft? Vielleicht können Sie auch etwas schmecken? Genießen Sie diesen schönsten Flecken Erde mit allen fünf Sinnen, und kehren Sie dann langsam wieder in die Realität zurück. Ballen Sie dann eine Hand kurz kräftig zur Faust und lassen Sie gleich wieder los. Wiederholen Sie für sich diese Übung noch ein paarmal. Und wenn Sie einen wütenden Kunden haben, dann ballen Sie kurz ganz kräftig Ihre Faust (was Ihnen in diesem Moment sicherlich nicht schwer fällt) und lassen gleich wieder los. Und das wird Sie an Ihren schönsten Platz auf der Erde erinnern, wo Sie vielleicht im letzten Urlaub gewesen sind. Damit verbessert sich automatisch Ihre innere Befindlichkeit, und Sie können leichter mit diesem Kunden umgehen.

Langfristige Strategien

Beeinflussen Sie Ihre innere Stimmung durch Körpermanagement und mehr emotionale Kompetenz. Mehr dazu im Kapitel »Ihre persönlichen Ressourcen«.

Setzen Sie sich Ziele. Was wollen Sie in den nächsten sechs Monaten erreichen, in den nächsten fünf Jahren oder bis zum 31. Dezember 2013?

Für die erfolgreiche Zielsetzung gibt es bestimmte Spielregeln:

Zum Beispiel müssen Ziele realistisch sein, sonst bleiben sie Wünsche. Sie müssen vernünftig und vorstellbar sein und den eigenen Glaubenssätzen entsprechen. Sie müssen wissen, warum Sie diese Ziele erreichen wollen.

Als nächstes sind Wege zu suchen, die Sie zum Ziel führen.

Welche Schritte können Sie heute und jeden Tag gehen, um an das Ziel zu gelangen? Sie gehen ohnehin jeden Tag Schritte, Sie machen Fortschritte. Die Frage ist nur, ob Sie irgendwohin fortschreiten oder ob Sie darauf achten, dass Sie der nächste Schritt Ihrem Ziel näher bringt.

Natürlich sind Ziele nicht starr. Vielleicht überlegen Sie, bewusst einmal einen Schritt von Ihrem Ziel abzuweichen oder es sogar durch ein anderes zu ersetzen. Schließlich ist der Weg das Ziel. Wichtig ist nur, dass in Ihrem Leben möglichst immer genau das eintritt, was Sie verursachen wollten. So sind Sie immer weniger Opfer irgendwelcher widrigen Umstände. Sie reagieren weniger und agieren mehr.

Sie werden Ihre Ziele erreichen, wenn auch nicht immer zu 100 Prozent, so doch zumindest zu 80 Prozent. »Je größer unsere Ziele, desto klei-

> ner erscheint das Problem ... Die meisten Elefanten-Probleme werden nämlich zu Mücken (zwar lästig, aber klitzeklein und selten tödlich), wenn man sie in den Rahmen des kosmischen Geschehens stellt ... Es liegt an uns, wie wir die Welt erleben wollen. Wir können uns über jede Kleinigkeit aufregen, dann haben wir zumindest eine Beschäftigung ... Oder aber, wir können uns für ein Ziel entscheiden, für ein übergeordnetes Leitmotiv unseres Lebens.« (Vera F. Birkenbihl)

Wenn Sie so sich selber im Griff haben, haben Sie bessere Karten, um den Kunden und die Situation in den Griff zu bekommen.

Ausreden lassen

Ein richtig wütender Mensch hält diesen Zustand maximal sechs bis acht Minuten durch, allerdings nur, wenn Sie ihm während dieser Zeit keine neuen Impulse liefern. Wenn Sie also zwischendurch der Meinung sind, an dieser Stelle nun endlich was sagen zu müssen, dann werden Sie erleben, dass der Kunde seine Story noch einmal von vorne erzählt, jetzt allerdings mit noch mehr Nachdruck, denn er fühlt sich ja nicht verstanden. Vielleicht formuliert er sogar: »Nun hören Sie mir mal richtig zu«, »wie deutlich muss ich denn noch werden?« oder »will mich denn hier keiner verstehen?« Während er spricht – im Allgemeinen reichen schon drei bis vier Minuten aus –, sollten Sie ihm lediglich zuhören und Aufmerksamkeitssignale senden. Signalisieren Sie dem Kunden, dass Sie auf ihn eingehen. Achten Sie also darauf, beim Zuhören ständigen Blickkontakt zu halten. Bereits ein kurzes Abschweifen des Blickes kann Ihren Gesprächspartner verwirren, so dass er seinen Faden verliert. Weitere Aufmerksamkeitssignale sind verständnisvolles Kopfnicken, verbindliche Zuneigung des Oberkörpers, Spiegeln der Körpersprache, Aufnehmen des inneren Rhythmus, verbale Äußerungen wie »Hm«, »Aha«, »Ja«. Sinnvoll ist es auch, wenn Sie sich Stichpunkte notieren. Achten Sie dabei aber darauf, dass sich Ihr Gesprächspartner nicht wie in einem Verhör vorkommt.

Den Kunden in seiner Situation verstehen

Den Kunden zu verstehen heißt nicht, ihm Recht zu geben. Dazu folgende Geschichte:

Nach einem Umzug musste mein Auto umgemeldet werden. Also fuhr ich in die nächste Kreisstadt, um mich an einem Aushang zu informieren, welche Unterlagen ich benötigte. Am nächsten Tag bin ich wieder zur Behörde gefahren.

Diesmal hatte ich den Fahrzeugbrief und die Bescheinigung über die Hauptuntersuchung und sogar einen Schraubenzieher zum Abschrauben der Nummernschilder bei mir. Ich zog mir auf dem Amt eine Nummer, wartete und legte der Bearbeiterin alles auf den Tisch: Sie fragte nach dem Abgastest. Auf meinen Hinweis, dass er Bestandteil der Hauptuntersuchung sei, ging sie nicht ein, sondern verlangte den langen Streifen vom Abgastest, den ich aber nicht hatte.

Zum zweiten Mal habe ich wegen der Autoummeldung einen Vormittag vertrödelt. Dazu kommt mein Vorurteil gegenüber Behörden. In dieser Situation war ich ein verärgerter Kunde, weil ich den Staat als Dienstleister für den Bürger empfinde, er von meinen Steuergeldern lebt und ich bei ihm Kunde bin.

Doch die Sachbearbeiterin der Behörde ließ mich mein Gesicht wahren: »Ja, das kann ich gut verstehen, dass Sie verärgert sind. Sie sind jetzt schon zum zweiten Mal 30 Kilometer gefahren, um Ihr Auto umzumelden, und jetzt erfahren Sie von mir, dass die Bescheinigung vom Abgastest fehlt.« Indem Sie auf mich zuging, wandte sich mein Ärger nicht gegen sie.

Klärende Fragen stellen

Informationsfragen helfen, sich an Lösungsmöglichkeiten heranzutasten. Insbesondere dann, wenn der Kunde sich unklar ausdrückt. Da unser Denken in inneren Bildern stattfindet, sind manche Menschen besser in der Lage, ihre inneren Bilder zu formulieren (in Form zu fassen). Andere haben damit mehr Schwierigkeiten, vor allem, wenn sie sich selbst noch nicht ganz über eine Sache im Klaren sind. Dafür braucht man Fragen, die diese inneren Bilder klarer und schärfer machen.

Wenn ich Sie frage: »Haben Sie ein Auto?«, dann antworten Sie vermutlich mit »ja« oder »nein«. Frage ich Sie aber: »Was für ein Auto haben Sie?«, dann taucht Ihr Auto zumindest für einen kurzen Moment vor Ihrem geistigen Auge auf. Sie sehen es vor sich. Das heißt, man braucht W-Fragen (alle Fragen, die mit einem Fragewort beginnen), damit der Kunde einen inneren Klärungsprozess durchläuft und so eine Chance hat, seine inneren Bilder mitzuteilen.

Bei meiner Autoummeldung sagte die Mitarbeiterin: »Damit ich Ihnen schnell helfen kann, habe ich ein paar Fragen an Sie. Wo haben Sie den Abgastest machen lassen? – Haben Sie durch das Autohaus auch Ihr Auto zulassen lassen? ...«

Mit eigenen Worten zusammenfassen

Um Missverständnissen vorzubeugen, sollten wir, bevor wir handeln, kurz zusammenfassen: »Damit ich es richtig verstanden habe: Ihnen geht es um Folgendes ... und dabei ist noch das und das und das ...«

Um zu verstehen, wie leicht Missverständnisse entstehen können, lesen Sie das folgende Wort, doch streichen Sie zuvor sechs Buchstaben:

SETCHOSBUMCHASTTABEEN

Wie heißt das gesuchte Wort? Lassen Sie sich nicht verwirren. Wenn Sie der Meinung sind, das gesuchte Wort heißt »sechs Buchstaben«, dann sehen Sie doch einmal auf Seite 49 nach. Ich meinte, dass das gesuchte Wort »Tomate« heißt.

Sie sehen also, was der eine meint, wenn er etwas sagt, ist noch lange nicht das, was der andere versteht. Und das passiert erst recht, wenn Fachtermini gebraucht werden.

Ich hatte folgendes Erlebnis: Mein Handy habe ich mir im Katalog ausgesucht. Anschließend ging ich in das Geschäft und sagte zum

Kundenberater: »Ich möchte das Handy auf Seite soundso rechts oben.« »Kein Problem«, sagte der freundliche Mitarbeiter und gab die Daten in den Computer ein. Ich erhielt einen Ausdruck zur Unterschrift. Auf dem Ausdruck standen lauter Zahlen und Buchstaben. Er löste online meine Bestellung aus. Beim Hinausgehen drehte ich mich noch einmal um: »Das ist also das Handy, das hier oben rechts abgebildet ist?« »Nein«, bekam ich zur Antwort, »das ist das Handy, das unten links abgebildet ist.« »Ich wollte aber das Handy rechts oben.« »Das haben Sie auch.«

Wissen Sie, was passiert war? Der Katalog war zweispaltig. In der linken Spalte ziemlich weit unten war ein Handy abgebildet, darunter etwas Text, und die dazugehörige Bestellnummer war in der rechten Spalte oben. Darunter war mein Handy abgebildet, etwas Text und die Bestellnummer rechts unten. Ein reines Missverständnis. Ich als Kunde interessierte mich für die Abbildung. Mit der Bestellnummer konnte ich nichts anfangen. Der Kundendienstmitarbeiter gab aber rechts oben die Bestellnummer ein.

Wenn Sie, bevor Sie handeln, mit eigenen Worten noch einmal zusammenfassen, was Sie verstanden haben, können Sie sich viel Ärger ersparen, der übrigens viel zeitaufwendiger ist als die Zeit, die Sie für die Zusammenfassung benötigen.

Wie viele Telefongespräche enden zum Beispiel ohne Zusammenfassung »Also: wir machen das dann so, wie besprochen. Alles klar?« »Alles klar.« Und dann nimmt das Schicksal seinen Lauf. Und zwei Wochen später: »Sie hatten mir doch zugesagt ...« »Nein, Sie wollten erst ...« Jeder hat sich in seinem Kopf seine Wahrheit geschaffen.

Wege zur Problemlösung

Den Kunden nach einer Lösung fragen

Wenn Sie den Kunden fragen, womit ihm geholfen wäre, haben Sie einen entscheidenden Vorteil. Der Kunde wird zu jeder Lösung, die von ihm kommt, auch stehen. Manchmal haben Kunden ganz einfache Lösungsvorschläge. Wenn das der Fall ist, haben Sie die optimale Lösung gefunden und sollten schnell handeln, um sie umzusetzen.

Manchmal scheuen sich Kundenberater, den Kunden nach der für ihn besten Lösung zu fragen, weil sie überzogene Forderungen befürchten. Dann haben Sie es entweder mit einem richtig unverschämten Kunden zu tun oder einem Kunden, der feilschen will. Das ist doch verständlich. Vielleicht würden Sie in einer ähnlichen Situation als Kunde auch überlegen, wie Sie das Maximale herausschlagen können. Der Kunde weiß sicher, dass seine Forderungen überzogen sind. Aber man kann es ja mal versuchen!

Abbildung 6: Theater mit Kunden

Im Orient beherrscht man die Kunst des Feilschen seit Jahrtausenden. Wenn Sie dort einen Teppich erstehen und Sie den Händler von seiner Anfangsforderung »Einhundert« auf »Dreißig!« heruntergehandelt haben, sind beide Seiten zufrieden. Sie, weil Sie den Teppich heruntergehandelt haben, und der Händler, weil er immer noch zehn daran verdient hat. Sollten Sie schon bei 40 die Hand einschlagen, nimmt der Händler auch die 40. Allerdings gibt er Ihnen noch ein Kissen für Ihren Teppich dazu, denn er will Sie ja nicht übervorteilen.

Das Prinzip beim Feilschen heißt: Leben und leben lassen. Also fragen Sie Ihren feilschenden Kunden: »Was wäre denn eine faire Lösung, mit der beide Seiten leben können?«

Lösungen anbieten

Natürlich sind auch Sie gefordert, nach Lösungen zu suchen. Vor allem wenn der Kunde auf die Frage nach der für ihn besten Lösung antwortet, dass Sie sich etwas einfallen lassen sollen. Hier liegt für manchen Kundenberater ein Problem: »Wie soll man eine Lösung anbieten, wenn man genau weiß, dass es nicht geht?«

Das menschliche Gehirn denkt in Fragen, und schon Sokrates formulierte: »Ich könnte die ganze Welt erforschen, wenn man mir nur die richtigen Fragen stellen würde«. Die Erkenntnisse, die Sie gewinnen, richten sich nach den Fragen, die Sie sich stellen.

Begründungen, warum etwas nicht geht, werden im Allgemeinen schnell gefunden. Für das Denken in Lösungen bedarf es manchmal etwas mehr Zeit und einer gemeinsamen Strategie.

Abbildung 7: Auflösung des Missverständnisses auf Seite 46

Ist Ihnen das auch schon passiert? Sie bieten dem Kunden eine Lösung an, und er antwortet: »Das geht nicht, weil ...« Und dann kommen manchmal die irrsinnigsten Begründungen, warum es so nicht geht. Wenn ein Mensch sagt: »Das geht nicht«, dann fragt das Gehirn: »Warum geht es nicht?« Und es findet Antworten. Man könnte sich auch fragen: »Wie könnte es doch gehen?« Auch darauf wird das Gehirn Antworten produzieren. Nicht auf jede Lösung wird man gleich kommen, und nicht alle Antworten werden brauchbar sein.

Das Denken in Problemen scheint tief im menschlichen Wesen verwurzelt zu sein. Für den alten Menschheitstraum, durch die Luft zu fliegen, gab es klare Begründungen, warum es nicht geht: »Wenn Gott gewollt hätte, dass der Mensch fliegen solle, dann hätte er ihm Flügel gegeben!« Nur weil Generationen daran geglaubt haben, dass es doch gehen muss, benutzen wir heute das Flugzeug als selbstverständliches Transportmittel. Wer das vor einigen hundert Jahren prophezeit hätte, wäre als Ketzer verbrannt worden.

In jedem Unternehmen gibt es Mitarbeiter, die Probleme lösen, und andere, die das Problem sind. Sie sollten zu denen gehören, die Probleme lösen.

Wie war das bei der Autoummeldung? Nachdem die Sachbearbeiterin nach den notwendigen Informationen gefragt hatte, bot sie mir eine Lösung an: »Ihr Autohaus, das den Abgastest durchgeführt hat, muss eine Kopie des langen Streifens aufbewahren. Rufen Sie dort an. Wir haben im Gang einen Münzfernsprecher. Die Nummer des Autohauses finden Sie sicher hinten auf der Nummernschildhalterung. Ansonsten haben wir draußen auch ein Telefonbuch. Hier ist unsere Fax-Nummer. Lassen Sie sich den Bericht hierher faxen, und zehn Minuten später haben Sie die Ummeldung. Inzwischen können die Nummernschilder schon mal gestanzt werden.« Und genau so geschah es dann auch. Übrigens, als alles vorüber war, kam mir beim Öffnen des Handschuhfachs ein langer Zettel entgegen, der Abgastest. Der Fehler lag also bei mir. Aber die Kollegin hat mich mein Gesicht wahren lassen, mir zur Problemlösung verholfen und damit meine Meinung über Behörden zumindest punktuell revidiert.

Sicher war es bereits in der Vergangenheit des öfteren vorgekommen, dass jemand zur Ummeldung irgendetwas vergessen hat. Vielleicht hat das auch die Mitarbeiter gestört, die sich ewig mit den gleichen Problemen herumplagen. Darum haben sie sich zu einem Brainstorming zusammengesetzt und überlegt, wie sie Lösungen für diese immer wieder auftretenden Probleme schaffen können. Daraufhin wurden mittelfristig Lösungssysteme installiert (hier zum Beispiel der Münzfernsprecher auf dem Gang), die aufgebrachten Kunden vorbeugen.

Das Zaubermittel der Ich-Botschaften

Sie haben alles versucht, und der Kunde ist immer noch laut. Sie sind mit geöffneten Armen auf ihn zugegangen und haben signalisiert, dass Sie ihm helfen werden, seine Situation zu lösen. Trotzdem wütet er weiter. Jetzt können Sie sich entweder verschließen und auf Abwehr schalten, oder Sie öffnen sich noch mehr und sprechen auch von Ihrer Befindlichkeit: »Ich möchte Ihnen wirklich gerne helfen, aber wissen Sie, bei diesem Ton, da blockiert in mir alles.« Mit dieser verblüffenden Offenheit rechnet er nicht, und dann werden Sie erleben, dass er plötzlich viel ruhiger wird: »Entschuldigung, ich habe Sie doch nicht persönlich angreifen wollen. Ich will doch nur, dass das Problem gelöst wird.« Und genau das wollen Sie ja auch! Achtung! Das Zaubermittel heißt: Ich-Botschaften. Falsch wäre zu formulieren: »Mäßigen Sie erst einmal Ihren Ton.« Das wäre eine Sie-Botschaft, die den Kunden angreift und ihn zur Attacke herausfordert. Ähnlich verhält es sich beispielsweise mit »Da haben Sie mich falsch verstanden« oder »da habe ich mich sicher nicht klar genug ausgedrückt«.

Zeit vergehen lassen

Manchmal ist die emotionale Erregungskurve beim Kunden einfach noch nicht abgeklungen. Wenn Sie zum Beispiel am Telefon sagen: »Ich werde mich nochmals kundig machen und rufe Sie in einer Stunde noch einmal an«, dann kann es sein, dass in einer Stunde die Welt für den Kunden bereits ganz anders aussieht.

Manchmal hat der Ärger des Kunden auch wenig mit Ihnen zu tun. Vielleicht ist er heute mit dem falschen Fuß aufgestanden, die Kinder haben ihn geärgert, in einer Tempo-30-Zone ist er geblitzt worden, und Sie sind jetzt der erste, der ihm begegnet. Und er nimmt den kleinen Anlass, der mit Ihnen zu tun hat, und schüttet den ganzen Ärger über Ihnen aus. Und wenn Sie in einer Stunde – oder, wenn es angemessen ist, auch am nächsten Tag – noch einmal über die Dinge sprechen, ist das Problem tatsächlich nur noch ganz klein.

Eine andere Stimme hinzuziehen

Sie erklären dem Kunden etwas. Er akzeptiert es nicht. Sie: »Frau Müller hat oft noch gute Lösungsvorschläge. Ist es Ihnen recht, wenn wir Frau Müller zur Hilfe holen?« Und Frau Müller erklärt ihm jetzt dasselbe, und diesmal akzeptiert er es. Vielleicht hat die Chemie besser gestimmt. Vielleicht hat er es auch akzeptiert, weil Frau Müller als Verstärker gewirkt hat: Wenn zwei dasselbe sagen, dann wird da schon was dran sein.

»Was darf ich noch für Sie tun?«

Dort, wo andere aufhören, fangen Profis im Umgang mit verärgerten Kunden erst richtig an. Sie verblüffen den Kunden, wenn Sie nicht nur das aktuelle Ärgernis beseitigen, sondern noch für weitere Problemlösungen für ihn da sind.

Ergebnisse zusammenfassen

»Wir sind also folgendermaßen übereingekommen: Sie faxen mir den Beleg, ich schaue bei mir nach, und dann geht die Sendung am Donnerstag an Sie raus. Sie ist also am Freitag, spätestens am Montag bei Ihnen.«

Bedanken

Bedanken Sie sich – auch und gerade bei einem verärgerten Kunden. »Danke, dass Sie gleich damit zu mir gekommen sind«, »danke, dass wir eine Lösung gefunden haben«. Es gibt immer einen Grund. Schließlich können Sie ihm auch dankbar sein, denn die wenigsten beschweren sich, sie bleiben bei passender Gelegenheit einfach weg.

Zusagen in die Tat umsetzen

Geben Sie nur Zusagen, die Sie auch halten können. Halten Sie gegebene Zusagen ein.

Nachhaken

Werden Sie aktiv, und warten Sie nicht auf die Reaktion des Kunden. Wenn die Sendung bei Ihnen also am Donnerstag verschickt wurde und spätestens am Montag beim Kunden sein müsste, dann rufen Sie ihn am Dienstag an, und fragen Sie ihn, ob die Sendung angekommen ist.

Falls ja, hat der Kunde ein gutes Gefühl: eine Panne kann immer mal passieren, und schließlich beweist sich die Qualität des Service erst, wenn der Ernstfall eingetreten ist. Und so, wie Sie sich um den Kunden gesorgt haben, fühlt er sich gut aufgehoben. Bei Ihnen bleibt er.

Wenn nicht, ist es gut, dass Sie angerufen haben. Jetzt können Sie um eine zweite Chance bitten und sofort handeln. Der Kunde spürt Ihr persönliches Engagement und wird Ihnen weiter vertrauen.

Wenn die Sendung nicht ankommt und Sie nicht nachhaken, dann gibt der Kunde Ihnen noch ein paar Tage. Innerlich wird er von Tag zu Tag verärgerter. Dann meldet er sich. Sie können nicht mehr aktiv in das Geschehen eingreifen, sondern nur reagieren und sich entschuldigen oder die Schuld abwälzen.

Das Nachhaken nach einer Panne ist ein wesentliches Element, um aus einem verärgerten Kunden einen zufriedenen Stammkunden zu machen.

Gesprächsbeispiel: Verärgerter Kunde

Verkäufer: Was kann ich für Sie tun?

Kunde: Ich will den ganzen Krempel wieder zurückgeben und will sofort mein Geld zurück. Es gibt nichts, was an diesen Dingen funktioniert.

Verkäufer: Oh je, da haben wir wohl ein Problem.

Kunde: Ob Sie damit ein Problem haben oder nicht, interessiert mich nicht. Ich verlange jedenfalls auf der Stelle mein Geld zurück für diesen Schrott, den Sie mir da verkauft haben.

Verkäufer: Oh, Sie sind ziemlich verärgert, und offensichtlich scheint nichts so zu funktionieren, wie Sie sich das vorgestellt haben. Erzählen Sie mir doch genauer, was passiert ist.

Verärgerung des Kunden spiegeln

Kunde: Also, ich habe mir hier diesen Computer gekauft, weil meiner zu alt war. Das ist ein Modell der neuesten Generation, so versicherten Sie mir.

Verkäufer: Ja, ich kann mich an Sie erinnern. Sie brauchten einen schnelleren Rechner. Und was funktioniert jetzt nicht?

Vertiefend fragen

Kunde: Nun, der Rechner schien zu funktionieren, aber der Drucker, den ich noch hatte, tat es nicht mehr. Immer, wenn ich etwas ausdrucken wollte, signalisierte der Rechner: »Druckerfehler«. Ich kam also wieder hier her, und man riet mir zu einem neuen Drucker.

Verkäufer: Ja, und dann hatten Sie noch immer keinen Erfolg?

Kunde: Natürlich nicht, sonst stünde ich jetzt nicht hier! Wieder kam ich in dieses Geschäft, und ein ganz

Aktiv zuhören, Aufmerksamkeitssignale senden und den Kunden reden lassen

anderer Verkäufer meinte, dass so eine Steckkarte das Problem sein könnte. Das klang alles sehr einleuchtend. Also kaufte ich bei Ihnen auch noch eine neue Steckkarte.

Verkäufer: Aha.

Kunde: Von wegen »Aha«. Das hat mir auch nichts genutzt.

Verkäufer: Sie hatten vermutlich bisher nicht viel Freude an dem Computer.

Kunde: Sie sagen es. Bereits zum vierten Mal bin ich nun in Ihren Laden gerannt, in der Hoffnung, endlich einen fachmännischen Rat zu bekommen.

Verkäufer: Und?

Kunde: Die letzte Hoffnung war die Auskunft, ich könnte mal noch ein anderes Druckerkabel ausprobieren, denn meines war nicht mehr das jüngste. Jetzt habe ich also auch noch Umsatz bei Ihnen gemacht mit einem Druckerkabel.

Verkäufer: Und?

Kunde: Nichts! Es wäre ja auch zu schön gewesen.

Verkäufer: Vermutlich war das auch nicht die perfekte Lösung.

Kunde: Ich sage Ihnen, ich war fast am Durchdrehen! Eine geschlagene Woche habe ich verplempert, nur um diesen Kasten in Gang zu setzen.

Verkäufer: Ja, das würde mich auch furchtbar nerven.

Kunde: Das ist gar kein Ausdruck! Sie haben mir einen Ihrer neuesten Computer verkauft und gleich noch einen neuen Drucker dazu. Aber das eine passt mit dem anderen überhaupt nicht zusammen, und deshalb bin ich viermal in dieses Geschäft gerannt, und Sie haben mir meine Zeit gestohlen. Ich denke, Sie sind jetzt an der Reihe, das schnellstens in Ordnung zu bringen, ansonsten gibt es hier und jetzt massiven Ärger für Sie.

Den Kunden alles erzählen lassen

Verkäufer: Ich verstehe Sie sehr gut. Wie ist bitte Ihr Name?

Kunde: Möller.

Verkäufer: Herr Möller, habe ich Sie richtig verstanden, Sie waren viermal hier und kauften dreimal ergänzende Geräte beziehungsweise Zubehör für Ihren neuen Computer, der Ihnen von unseren Verkäufern empfohlen wurde?

Mit eigenen Worten wiederholen

Kunde: Genau so ist es.

Verkäufer: Sie versuchten damit, ihren Computer und den Drucker in Gang zu setzen, aber nichts passierte. Nun wollen Sie komplett Ihr Geld zurück.

Kunde: Richtig. Der Computer ist nicht in der Lage, etwas Vernünftiges auszudrucken.

Verkäufer: Ja, ich habe noch eine Frage an Sie, bevor ich Ihnen helfen kann. Wieso sind die Steckkarte und das Kabel so stark beschädigt?

Vertiefend fragen

Kunde: Ich hatte ein paar Probleme beim Einbau der Steckkarte.

Verkäufer: Probleme beim Einbau?

Kunde: Also, das dumme Ding hat natürlich nicht so ohne weiteres in meinen PC gepasst, wie sollte man es anders erwarten.

Verkäufer: Und was haben Sie dann damit gemacht? (Schaut sich die ramponierte Steckkarte an.)

Kunde: Ich habe einfach von den beiden Längsseiten jeweils ein wenig abgefeilt, dann hat sie wenigstens hineingepasst.

Verkäufer: Nun, damit verbesserte sich die Situation nicht gerade.

Kunde: Das habe ich Ihnen ja schon erzählt.

Verkäufer: Und was ist mit dem Druckerkabel passiert?

Kunde: Ja, zum Glück gab mir ein Freund noch einen Hinweis, dass die Anschlüsse bei diesem Druckerkabel über Kreuz laufen müssten und ich wahrscheinlich doch genau das falsche Kabel erwischt habe.

Verkäufer: Haben Sie etwa noch ein zweites Kabel gekauft?

Kunde: Gott bewahre! Und wenn, dann schon gar nicht in Ihrem Laden. Nein, ich habe die Sache selbst in die Hand genommen, das Kabel geöffnet und die Drähte einfach umgeklemmt.

Verkäufer: Dieses Kabel ist eigentlich genau das richtige für Ihren Drucker und müsste problemlos funktionieren.

Kunde: Tja, ich sage Ihnen doch, dass es eben nicht funktioniert hat.

Verkäufer: Sie wollen also alles das zurückgeben, weil Sie damit Ihren neuen Computer nicht betreiben können.

Zusammenfassend

Kunde: Richtig.

Verkäufer: Sie wollen auch gleich das Geld für den PC und den Drucker zurückerstattet haben.

Kunde: Ja. Das mögen ja alles tolle Geräte sein, aber untereinander funktionieren sie nicht.

Verkäufer: Und deswegen bringen Sie ja auch alles wieder zurück. Die Verkäufer in diesem Geschäft empfahlen Ihnen Verschiedenes, Sie versuchten es damit, hatten jedoch keinen Erfolg.

Kunde: Genau.

Verkäufer: Sie haben ein wenig daran herumgefeilt und geschraubt und hatten trotzdem keinen Erfolg, obwohl es das richtige Zubehör sein müsste.

Kunde: Ja.

Verkäufer: Leider kann ich Ihnen Ihr Geld für die Steckkarte und das Kabel nicht wiedergeben, weil beides beschädigt ist.

Emotionen des Kunden sind noch nicht abgeklungen

Kunde: Einen Moment mal! Ihre Verkäufer haben mir doch zu diesen Dingen geraten.

Verkäufer: Gut, das führt uns jetzt auch nicht weiter.

Kunde: Ja. Und?

Verkäufer: Ich wette, Sie haben es satt, sich weiter damit herumzuschlagen.

Kunden spiegeln

Kunde: Ja, weiß Gott!

Verkäufer: Und ich wette auch, dass Sie hoffen, jemanden zu finden, der Ihnen endlich Ihren neuen Computer und den dazugehörenden Drucker zum Funktionieren bringt.

Auf die Seite des Kunden treten

Kunde: Ja, wissen Sie, ich bin kein Experte auf diesem Gebiet .

Verkäufer: Die Computertechnik ist heutzutage oft zu kompliziert, um als Laie selbst daran Dinge zu verändern.

Kunde: Ja, deshalb habe ich auch gleich noch den Drucker dazugekauft, denn mein alter hätte vermutlich sowieso nicht gepasst.

Verkäufer: Gut, also die Steckkarte und das Druckerkabel sind hinüber. Lassen Sie uns mal einen Blick auf den PC und den Drucker werfen. Sagen Sie, als die Verkäufer Ihnen diese beiden Geräte nebst Kabel und Karte verkauft haben, gaben sie Ihnen da die Garantie, dass alles zusammen funktionieren würde?

Jetzt fühlt sich der Kunde verstanden. Auf der Sachebene kann eine Lösung angestrebt werden.

Kunde: Nein, aber sie rieten mir dazu, und ich glaubte ihnen.

Verkäufer: Und Sie fragten sie um ihren Rat?

Kunde: Na ja, ich denke schon.

Verkäufer: Sehen Sie, der Steckkarteneinschub am PC ist auch beschädigt.

Kunde: Ja.

Verkäufer: Nun, ich glaube ich kann mir recht gut eine Vorstellung von der ganzen Angelegenheit machen. Glauben Sie, wir könnten eine Lösung finden, mit der wir beide leben können?

Kunde: Ja, ich glaube schon.

Verkäufer: Folgendes kann ich für Sie tun: Der Drucker dürfte in Ordnung sein. Den kann ich zurücknehmen.

Kunde: Können Sie das Kabel nicht umtauschen?

Verkäufer: Nein, es ist nicht mehr zu gebrauchen.

Kunde: Und die Steckkarte für den Drucker?

Verkäufer: Die kann man nur noch wegschmeißen, da ist gar nichts mehr zu machen.

Kunde: Können Sie nicht wenigstens den Einschub reparieren?

Verkäufer: Ich fürchte, das übersteigt meine Möglichkeiten.

Kunde: Das höre ich gar nicht gern.

Verkäufer: Sehen Sie, ich will Ihnen ja helfen. Ich bin auf Ihrer Seite. Ich weiß, es klingt verrückt, aber es ist wahr. Ich will Sie als Kunden nicht verlieren.

Kunde: Dann geben Sie mir mein Geld zurück.

Verkäufer: Wenn ich das könnte, würde ich es auch bestimmt tun. Schauen Sie sich doch die Teile an. Sie sind zum Teil schwer beschädigt, die kann ich unmöglich zurücknehmen.

Kunde: Oh, ich hasse Computer!

Verkäufer: Ich sage Ihnen was: Sie hatten einfach Pech, und deshalb baue ich Ihnen kostenlos einen neuen Karteneinschub in den PC ein. Die Steckkarte und das Druckerkabel geht auf Ihre Rechnung. Und ich schicke Ihnen heute nach Feierabend einen Fachmann vorbei, der Ihnen die Sachen alle installiert, sodass Sie ab morgen damit arbeiten können.

Ergebnis zusammenfassen und bedanken

Kunde: Das klingt gut.

Verkäufer: Danke.

Überblick

Sein Darstellungsdrang vor anderen Kunden oder Mitarbeitern lässt den Kunden stur und rechthaberisch auf seinem Standpunkt beharren.

Kunden separieren.

Im Sitzen kann man sich schlechter aufregen. Oder anders formuliert: Im Stehen brüllt es sich besser.

Abbau von Konfrontation im nonverbalen Bereich. Gegenübersitzen schafft in solchen Situationen schnell Gegner.

Mit dem Kunden über Eck setzen.

Er schimpft zwar auf Sie, meint aber sich und seine Probleme.

Nur wenn Sie selber ruhig sind, können Sie den anderen zur Ruhe bringen.

Er will seine gesamte Story loswerden. Wenn Sie ihm zwischendurch einen neuen Impuls liefern, fängt er wieder von vorne an.

Lassen Sie ihn ausreden. Er soll alles loswerden, was ihn bewegt.

Er will sich mit seinen Problemen verstanden wissen.

Zeigen Sie ihm, dass Sie ihn in seiner Situation verstanden haben.

»Damit ich Ihnen helfen kann, brauche ich noch einige Informationen von Ihnen.«

Treten Sie auf seine Seite und stellen Sie klärende Fragen.

»Damit ich Sie richtig verstanden habe: Ihre Situation ist folgende ...«

Fassen Sie das Problem mit eigenen Worten zusammen.

»Was wäre denn für Sie die beste Lösung?« »Was wäre denn eine faire Lösung, mit der beide Seiten leben können?«	Den Kunden nach einer Lösung fragen.
»Folgendes ist möglich ...«	Lösung anbieten.
»Herr Maier, ich möchte Ihnen wirklich gern helfen. Das kann ich aber nur, wenn Sie Ihren Ton mäßigen.«	Wenn Sie immer noch nicht bis an sein Ohr vorgedrungen sind, können Sie jetzt intensiver werden.
Nach einigen Minuten oder am nächsten Tag sieht die Welt oft ganz anders aus.	Lassen Sie etwas Zeit vergehen.
Auch wenn der andere Mitarbeiter das Gleiche sagt, bewirkt eine andere Stimme manchmal Wunder.	Übergeben Sie den Kunden einem anderen Mitarbeiter.
»Was darf ich noch für Sie tun?«	Was bedrückt den Kunden noch?
»Wir sind also folgendermaßen übereingekommen ...«	Zusammenfassen der Ergebnisse.
»Danke, dass wir eine Lösung gefunden haben.«	Bedanken.
	Zusagen in die Tat umsetzen.
»Wir waren so verblieben, dass ich Ihnen die Ware bis gestern zusende. Ist alles bei Ihnen angekommen?«	Nachhaken.

»Wir glauben an den Grundsatz, dass das Beste für unsere Kunden auch das Beste für uns alle ist. Bei uns versteht jeder das Konzept. Unser Verkaufs- und Kundenservicepersonal ist mit unseren Produkten vertraut und ist geschult, freundlich und hilfsbereit zu sein. Wir legen unseren Telefonberatern nahe, sich so viel Zeit zu nehmen, wie notwendig ist, um Sie bestens zu bedienen. Wir zahlen immer für Ihren Anruf, ganz gleich, aus welchem Grund Sie anrufen.«

(Geschäftsprinzip, Versandhaus Lands' End)

Charaktere der Kunden einordnen

Schon Hippokrates erkannte, dass sich menschliche Temperamente in vier Grundformen einteilen lassen:

Sanguiniker	der leichtblütige, heitere, lebhafte, leicht ansprechbare Mensch
Choleriker	der zu starken Affekten neigende Mensch
Phlegmatiker	der ruhige und behäbige Mensch
Melancholiker	der zu Traurigkeit und Schwermut neigende Mensch

Immer wieder wird die Frage gestellt: Gibt es Menschentypen? Viele Versuche sind seit Hippokrates gemacht worden, um menschliches Verhalten nach Typen oder Charakteren zu ordnen: Da sind die Sternzeichen der Astrologen mit zwölf Grundtypen, die neun Typen des Enneagramms, das Struktogramm, das HDI, DISG und ähnliche Modelle, die auf Erkenntnissen der Gehirnforschung aufbauen. Schon immer hat man sich dafür interessiert, die Menschen zu kennen und sie einzuordnen. Dem steht allerdings entgegen, dass jeder Mensch einzigartig ist. Jeder Versuch, Menschen in bestimmte Schubladen zu pressen, muss daher scheitern, wenn man ihn verabsolutiert. Erst wenn man Modelle nicht als die wirkliche Welt betrachtet, sondern als Versuch, die Welt zu beschreiben, können sie zum Verständnis beitragen. Kein Mensch entspricht genau der Beschreibung des Modells, aber Modelle helfen trotzdem, bestimmte menschliche Verhaltensweisen besser zu verstehen, so dass man auch besser damit umgehen kann. Dabei ist keines der Modelle das einzig richtige. Alle sind auf ihre Weise eine Beschreibung der Welt.

Zwei Faktoren bestimmen das Verhalten eines Menschen: das soziale Umfeld und die konkrete Situation.

Soziales Umfeld

Wer Kinder hat, dem hat man vielleicht auch schon gesagt, dass der Sohn oder die Tochter in der Schule oder bei Verwandten stets höflich, zuvorkommend, hilfsbereit und immer guter Laune ist, während man das zu Hause nicht so richtig bestätigen kann. So haben wir dann auch die nette und zurückhaltende Kollegin, die zu Hause unter Umständen ihre Familie tyrannisiert oder den diktatorischen Chef, der vielleicht zu Hause als sanftes Schaf gilt. In einem bestimmten sozialen Umfeld zeigen wir ein bestimmtes Rollenverhalten.

Konkrete Situation

Aber auch die Situation bestimmt unser Verhalten. So ist es durchaus denkbar, dass auch die nette und zurückhaltende Kollegin mal mit der Faust auf den Tisch schlägt und der diktatorische Chef in einer anderen Situation ein ganz toller Kumpel ist.

Alle sind Mischformen

Wenn wir von Kundentypen sprechen, dann wollen wir Menschen nicht abstempeln im Sinne von: der ist immer so. Fünf Minuten später kann er sich wie ein ganz anderer »Typ« verhalten. Menschliches Verhalten ist viel zu komplex, um es in Schubladen packen zu können. Allerdings sucht unser Gehirn nach Strukturen, damit es etwas einordnen kann. Psychologische Typenlehren helfen dabei, diese Strukturen aufzubauen. Dabei darf man aber nie vergessen, dass ein »Typ« zumeist nicht rein auftritt, da alle Menschen Mischformen sind. Wenn wir also von »Kundentypen« sprechen, dann ist das Ziel, zu erkennen, welche Verhaltensmuster bei diesem Kunden dominieren beziehungsweise welche im Moment gerade dominieren, damit wir erkennen können, wie wir diesem Menschen in eben diesem Moment gerecht werden können.

Bei verärgerten, aufgebrachten oder gar wütenden Menschen wirken folgende Mechanismen:

Denkblockaden

Sie haben Denkblockaden. Jeder hat diesen Mechanismus schon an sich gespürt. Während eines Gesprächs, das auch Sie emotional bewegt, fehlen Ihnen mitunter die Worte. Zwei Stunden später fällt Ihnen dann ein, was Sie hätten sagen können.

Subjektive Zeitdehnung

Die Zeit scheint sich zu dehnen. Sie empfinden normale Zeitabläufe als zu langsam. Ihnen kann es nicht schnell genug gehen.

Feind

Sie fühlen sich angegriffen. Stresshormone werden ausgeschüttet. Da das Denkhirn in Abhängigkeit der Menge der Stresshormone mehr oder weniger blockiert ist, reagiert der wütende Mensch jetzt weniger denkerisch, sondern mehr aus dem Stammhirn mit Kampf- oder Fluchtverhalten. Wer kämpfen will, braucht einen Feind. Eine Armee ohne Feindbild zersetzt sich entweder allmählich selbst oder schafft sich einen Gegner. Dieser Gegner sind jetzt Sie. Es ist ja gerade kein anderer da. In seinen Augen sind Sie unfähig und unwillig, eine Schlaftablette, der man erst einmal »Dampf machen« muss.

Verärgerte Kunden lassen sich in zwei Kategorien unterteilen, ob sie mit Flucht- oder mit Kampfverhalten reagieren. Menschen mit Fluchtverhalten sind eher introvertiert, kontaktarm, verschlossen, eher passiv. Menschen mit Kampfverhalten sind eher extrovertiert, aufgeschlossen, kontaktfreudig und aktiv.

Kommunikation findet auf zwei Ebenen statt, auf der Sach- und der Beziehungsebene. Entsprechend ist eine Einteilung in eine rationale Orientierung und eine emotionale Orientierung üblich. Der Fokus des Menschen ist eher auf die Sach-, Inhalts-, Handlungsebene gerichtet oder eher auf die Beziehungsebene.

Damit ergeben sich im Extremfall die vier Typen der Abbildung 8.

Menschen, deren Verhalten extrovertiert, also aktiv bis aggressiv ist, wollen, dass schnell gehandelt wird. Sie wollen Kontrolle über die Dinge. Im Extremfall werden sie bestimmend bis diktatorisch. Wenn so ein Kunde zu Ihnen sagt: »Machen Sie es fertig!«, dann können Sie ihm nur gerecht werden, wenn Sie es sofort tun. Antworten Sie diesem Kunden: »Wir lassen das Programm bei uns erst Probe laufen, und wenn wir dann in zwei, drei Wochen sicher sind, dass alles funktioniert, schicken wir es Ihnen zu«, wird er rasend.

Menschen, die sich auf die Sachebene konzentrieren, die aber im Verhalten introvertiert bis passiv sind, wollen zwar auch, dass gehandelt wird, aber ihnen ist wichtiger, dass alles richtig gemacht wird. Sie sind Analytiker, sammeln Fakten und wollen Perfektion. Ihr Motto ist: »Eile mit Weile.«

Menschen, denen die Beziehungsebene wichtig ist und die mehr introvertiert bis passiv sind, sind sehr rücksichtsvoll. Handeln – womöglich noch überstürztes Handeln – liegt ihnen fern. Sie sammeln Informationen, sind bewahrend und wollen einfach gut zurechtkommen. Sie suchen Sicherheit und Geborgenheit. Als Kunde können Sie sie so erleben: »Wie läuft's? Ich hatte Ihnen da neulich was reingegeben. Hatten Sie schon Gelegenheit, nachzuschauen? Ich will keinesfalls drängeln. Wenn Sie gelegentlich mal dazu kommen, dann können Sie es mir ja zuschicken.«

Menschen, denen die Beziehungsebene wichtig ist, die aber eher extrovertiert, also aktiv bis aggressiv sind, wollen auch eine gute Beziehung, sehen sich jedoch dabei im Mittelpunkt. Das ist eher der Entertainer-Typ. Und als Kunde: »Also, bevor Sie es mir zuschicken, sollen Sie natürlich wissen, warum. Schon mein Großvater sagte: ›Wer rastet, der rostet‹, und ich will natürlich nicht, dass Sie rosten, ha, ha!«

Stellen Sie sich vor, die vier Typen hätten vor, sich ein sportliches Auto zu kaufen. Worauf wird der Einzelne Wert legen? Für den Herrscher, der Kontrolle haben will, zählen Werte wie PS, Liefertermine und Beschleunigung. Der Analytiker wird sich für Details interessieren und zum Verkäufer sagen: »Ich habe gelesen, dass es bei diesem Fabrikat in den letzten Jahren immer mal technische

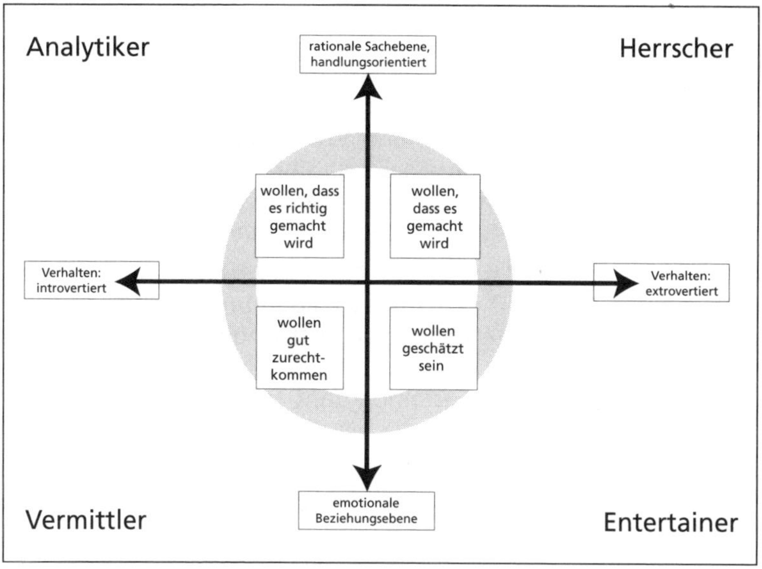

Abbildung 8: Einordnung von Kundentypen

Probleme gab. Lassen Sie uns doch mal über die Einspritzpumpe reden.« Der Entertainer wird ein Cabriolet bevorzugen, sich strahlend hineinsetzen und Umstehende fragen: »Na, wie steht mir der Schlitten?« Der Vermittler allerdings wird sich kein Sportauto kaufen. Er bevorzugt ein »zweckmäßiges« Auto, wie er sein Familienauto bezeichnet. Schließlich kann er die kleinen engen Sitze auf der Rückbank seinen Kindern nicht zumuten.

Jeder von uns legt gleichzeitig Wert auf Eigenschaften aus allen vier Quadranten. Wir alle wollen, dass gehandelt wird, und das möglichst schnell. Dabei ist es uns wichtig, dass auch alles richtig gemacht wird. Außerdem wollen wir eine gute Beziehung zu den anderen Menschen, und unserem Ego tut es gut, wenn andere uns schätzen. In einer bestimmten Situation jedoch kann ein Quadrant dominieren. Dann treten bestimmte Aspekte in den Vordergrund und andere in den Hintergrund. Eine normale, gesunde Selbstbehauptung lässt uns ausgewogen mit den vier Quadranten umgehen.

Ein Beispiel: Stellen Sie sich vor, Ihr Vermieter wohnt im selben Haus wie Sie, Sie sitzen am Abend gern mit ihm zusammen auf der Terrasse, führen gute Gespräche und trinken auch mal gemeinsam ein Bier. Sie haben eine gute Beziehung zueinander. Aber die Wohnzimmertür in Ihrer Wohnung muss erneuert werden. Sie haben auch schon einmal darüber gesprochen. Da Ihnen dabei aber in erster Linie an der guten Beziehung gelegen war, wurde nicht gehandelt. Der Vermittler in Ihnen dominiert.

Irgendwann schlägt das aber um: Dann werden Sie energisch werden, mit der Faust auf den Tisch schlagen und fordern, dass gehandelt wird. Die gute Beziehung tritt in dem Moment in den Hintergrund: »Herbert, morgen rufe ich beim Tischler an und lasse das machen, und die Rechnung geht an dich. Klar?« Der Herrscher überwiegt nun.

Wenn dann der Tischler kommt, sagen Sie: »Lassen Sie sich Zeit. Machen Sie das in Ruhe. Ich will, dass das richtig gemacht wird.« Der Analytiker meldet sich.

Ist die Tür dann in Ordnung, spielen Sie Ihrem Partner gegenüber den Entertainer aus: »Na, wie habe ich das hingekriegt?«

Interessanterweise bevorzugen die meisten Menschen einen der oben genannten Quadranten, können aber auch in einen anderen ausweichen. »Schwierig« werden sie als Kunden oder Menschen immer dann, wenn ein bestimmtes Verhalten extrem stark ausgeprägt ist.

Wenn Sie sich die Beschreibungen der Quadranten durchlesen, werden Sie eventuell auch Ihren dominierenden Quadranten finden und gleichzeitig feststellen, dass aus den anderen Beschreibungen auch das eine oder andere zutrifft. Das ist ein Zeichen dafür, dass die Typen tatsächlich nicht so rein auftreten, sondern in unterschiedlichem Verhältnis gemischt sind.

Es empfiehlt sich, sein eigenes »Mischungsverhältnis« und das seiner Kunden zu kennen. Schwierigkeiten im Umgang treten immer dann auf, wenn bei wenigstens einem Gesprächspartner der bevorzugte Quadrant das Maß der normalen Selbstbehauptung übersteigt oder wenn beide aus diagonal gegenüberliegenden Quadranten argumentieren.

Vielleicht entdecken Sie bereits bei der Beschäftigung mit den vier Grundtypen, wozu Sie besonders neigen. Wer sein eigenes »Mischungsverhältnis« und damit seine eigene Verhaltensstruktur genauer kennen lernen möchte, dem sei die Beschäftigung mit den Instrumenten, wie beispielsweise dem Hermann Dominanz-Instrument (HDI), dem DISG-Persönlichkeitsprofil, dem Struktogramm oder der Persönlichkeits-Struktur-Analyse (PSA) empfohlen. Wenn Sie sich eingehender mit diesem Thema beschäftigen wollen, empfehle ich Ihnen die weiterführenden Bücher von Bambeck, Gay und Herrmann, die im Literaturverzeichnis aufgeführt sind.

Das rationale, extrovertierte Verhalten dominiert

Sein Fokus

Er ist handlungs- und sachorientiert, will, dass etwas geschieht, dass Probleme gelöst und Ziele erreicht werden. Er hat klare Visionen und will Ergebnisse und Aktionen.

Sein Verhalten

Er ist diktatorisch, übernimmt das Kommando, kommt sofort zum Wesentlichen, gibt die Richtung an, ist egozentrisch, direkt, selbstbewusst, kühn, herrisch, anspruchsvoll, energisch, ausdauernd, abenteuerlustig, entschlossen, ungeduldig und hartnäckig. Er trifft klare Entscheidungen, nimmt Herausforderungen an und geht dabei kalkulierbare Risiken ein. Er wirkt kompetent und überzeugend, manchmal sogar rechthaberisch. Er schüchtert andere ein, ist bisweilen arrogant und schreit. Er ist ein schlechter Zuhörer. Wenn man ihn unter Druck setzt, wird er beherrschend.

Sein Bedürfnis

Er will die Dinge kontrollieren und erwartet sofortige Ergebnisse. Er trifft lieber die zweitbeste Entscheidung als gar keine. Ihm reicht eine 80-prozentige Klarheit, um zu handeln. Die restlichen 20 Prozent werden unterwegs geklärt.

Ihr Umgang

Hören Sie ihm aufmerksam zu, unterbrechen Sie ihn nicht, finden Sie Übereinstimmung mit seinen Zielen, kommen Sie schnell auf den Punkt, treffen Sie schnelle Entscheidungen, konzentrieren Sie sich auf die Aufgabe, und handeln Sie. Sprechen Sie Termine mit ihm ab, und halten Sie sie genau ein.

Stellen Sie keine Behauptungen auf, und widersprechen Sie ihm nicht, denn sonst fühlt er sich herausgefordert. Wenden Sie lieber die Fragetechnik an, vermeiden Sie Floskeln, Ausflüchte oder Allgemeinplätze. Bezweifeln Sie niemals seine Kompetenz, auch wenn er Unrecht hat.

Das rationale, introvertierte Verhalten dominiert

Sein Fokus Er will, dass gehandelt wird, aber wichtiger als die Geschwindigkeit ist ihm, dass es richtig gemacht wird. Qualität ist ihm wichtiger als Quantität.

Sein Verhalten Er zeigt kaum Emotionen, möchte alles wissen und achtet auf Details, ist ordentlich bis pedantisch, analytisch, genau, ausdauernd, gründlich, beständig, mitunter stur, zurückhaltend, kühl und phantasielos, kann sich schlecht Witze merken oder deren Pointen wiedergeben, distanziert, sogar arrogant, perfektionistisch, zumeist diplomatisch, systematisch, sorgfältig, beherrscht. Er ist gewissenhaft, hat hohe Normen, zieht sich in sich zurück und kann pessimistisch-negativ werden. Er ist bereit, Richtlinien und Normen zu folgen. Er ist ein guter Zuhörer, der auch zwischen den Zeilen lesen kann.

Unter Druck gesetzt weicht er aus.

Sein Bedürfnis Er will Perfektion, liebt klare Regeln und Richtlinien. Um etwas glauben zu können, braucht er Beweise. Die Tücke steckt für ihn im Detail. Er mag es nicht, wenn die Dinge oberflächlich gesehen werden.

Ihr Umgang Schätzen Sie sein Wissen, seine Liebe zum Detail, erklären Sie alles ganz genau. Verwenden Sie

Fakten, Logik und Struktur. Er fühlt sich wohl, wenn er Recht hat. Gehen Sie Schritt für Schritt vor, schließen Sie bei neuen Ideen an Bekanntes an. Plötzliche und unvermittelte Gedankensprünge kann er nicht nachvollziehen. Um Entscheidungen zu treffen, braucht er viele Beweise. Benutzen Sie Fakten und Logik, strukturieren Sie. Sicherheitsgarantien überzeugen ihn ebenso wie bewährte Verfahrensweisen.

Argumentieren Sie nicht emotional, versuchen Sie nicht, die Distanz zu ihm zu verringern. Da er seinem Ärger nicht anders Luft machen kann, besteht die Gefahr, dass er langfristig Handlungen gegen Sie einleitet.

Das emotionale, extrovertierte Verhalten dominiert

Sein Fokus Er möchte beliebt sein und eine gute Beziehung zu Ihnen haben.

Sein Verhalten Er ist warm, kreativ, charismatisch, kann Menschen für sich gewinnen, ist voller Energie, direkt und ausführlich, ist ein guter Rhetoriker, kann sich gut ausdrücken, macht große Worte. Mitunter wird er lauter und schneller, will Recht behalten und duldet keinen Widerspruch. Er ist dominant und unnachgiebig, unterhält gern andere. Er ist egoistisch. Ihm genügt der Überblick, und es mangelt ihm an Detailgenauigkeit bei der Ausführung. Manchmal ist er unorganisiert. Er ist enthusiastisch, gesellig, knüpft gern Kontakte, kann großzügig sein, überzeugend, impulsiv, emotional, beliebt, optimistisch, lebensfroh, selbstfordernd. Er sucht die öffentliche Anerkennung seiner Fähigkeiten.

Unter Druck gesetzt, bläst er sich auf, greift an, neigt zu Wutausbrüchen und Übertreibungen.

Sein Bedürfnis Er will Ihre Aufmerksamkeit, Ihr Verständnis und Ihre Zuwendung. Er hat ein starkes Status- und Geltungsbedürfnis und ist gern mit anderen Menschen zusammen.

Ihr Umgang Geben Sie ihm Gelegenheit, Dampf abzulassen, danach ist er zumeist wieder sehr umgänglich.

Geben Sie ihm die nötige Aufmerksamkeit und Anerkennung, und wenn er Sie begeistern konnte, auch den gebührenden Beifall. Seien auch Sie enthusiastisch. Lassen Sie ihn ausreden, und streicheln Sie sein Ego, indem Sie Verständnis zeigen. Erst wenn er sich beruhigt hat, können Sie die Sachebene bearbeiten. Ihn überzeugen Analogien und Beispiele.

Verletzen Sie nicht sein Selbstwertgefühl.

Das emotionale, introvertierte Verhalten dominiert

Sein Fokus

Er ist ruhig und legt Wert auf eine gute Beziehung zu anderen Menschen.

Sein Verhalten

Er ist freundlich, höflich, besonnen, liebenswürdig, warmherzig, rücksichtsvoll, hört auf andere, ist sympathisch, leichtgläubig, entgegenkommend, ist unsicher, risikoscheu, inaktiv, zögert bei Entscheidungen. Er ist wortkarg, kann aber auch heiter sein, passiv, geduldig, loyal, teamfähig, gelassen, verträglich, gutmütig, entspannt, selbstgefällig. Er ist ein guter Zuhörer. Er opfert Ziele für eine harmonische Beziehung.

Unter Druck gesetzt, ist er nachgebend. Allerdings sucht er heimliche Rachefeldzüge.

Sein Bedürfnis

Er hat ein starkes Sicherheitsbedürfnis, begibt sich ungern auf unbekanntes Gebiet, ist traditionell und bewahrend. Er will mit Ihnen gut auskommen. Besitz bedeutet ihm Sicherheit. Wo er einmal ist, da bleibt er gern.

Ihr Umgang

Haben Sie Verständnis für ihn. Geben Sie ihm Sicherheit, indem Sie zuverlässig und aufrichtig sind. Werden Sie langsamer, und stellen Sie gezielte Fragen, um die Hintergründe aufzudecken. Hören Sie ihm aktiv zu, und setzen Sie vorsichtig kleine Ziele. Für ihn braucht alles eine bewährte, geregelte und geordnete Vorgehensweise. Für Veränderungen braucht er Begründungen.

Wenn er keine Einwände hat, dann bedeutet das noch lange nicht, dass er Ihnen zustimmt. Wenn er enttäuscht wird, kann sein Verhalten schnell ins Gegenteil umschlagen.

Die neun Kundencharaktere im Überblick

	Merkmale	Ihre Strategie

Herrscher: Aggressives Verhalten, Fokus auf die Sachebene

Der Diktator	hält Augenkontakt, zeigt mit dem Finger auf Sie, weiß genau, was er will, sein Ärger ist auf den Punkt gebracht, er will Kontrolle und Handlungen	auf seine Seite treten, ein ehrenhaftes Friedensangebot machen und handeln
Der Besserwisser	weiß Bescheid, lehnt Ratschläge ab	seine Zweifel ansprechen, ihn bestätigen, Gesicht wahren lassen, ihn indirekt durch Fragen selbst zur Lösung finden lassen, ihn zum Mentor machen

Entertainer: Aggressives Verhalten, Fokus auf die Beziehungsebene

Der Wütende	regt sich über alles auf, gestikuliert allgemein, tobt, um Aufmerksamkeit zu erlangen	sein Ego streicheln, Aufmerksamkeit geben, Unterbrechungen herbeiführen
Der Unverschämte	kaum kooperativ, unverschämte Forderungen mit bestechender Logik	so weit wie möglich entgegenkommen, ansonsten die Beziehung abbrechen
Der Sarkastische	spitze Bemerkungen	auf die Spitze eingehen, beweisen Sie, dass die Zukunft besser ist

	Merkmale	Ihre Strategie

Analytiker: Passives Verhalten, Fokus auf die Sachebene

Der Pedant	will, dass alles richtig gemacht wird, legt Wert auf Details, sieht sowohl die positiven als auch die negativen Seiten	Detailinformationen geben, beim Abwägungsprozess unterstützen, Überblick vermitteln
Der Meckerer	nörgelt an allem herum, sieht nur die negativen Seiten, verallgemeinert	seine Verallgemeinerungen unterbrechen, lösungsorientiert denken, Wahlmöglichkeiten anbieten

Vermittler: Passives Verhalten, Fokus auf die Beziehungsebene

Der Redselige	stiehlt Ihnen die Zeit, er mag Sie	Assoziationsketten abschneiden, Gespräch beenden, ihm zeigen, dass Sie ihn schätzen
Der Rächer	zeigt Verständnis für Ihre Probleme	auf seine nicht ausgesprochenen Befindlichkeiten eingehen

Der Diktator

Der Diktator ist aggressiv und hartnäckig. Ihm ist wichtig, dass schnell gehandelt wird. Wenn dabei menschliche Beziehungen in die Brüche gehen, ist ihm das egal. Er hat das Gefühl, dass er die Situation nicht mehr beherrscht und will sie jetzt wieder unter Kontrolle bekommen. Bis gestern sollte die Angelegenheit erledigt sein. Es ist nicht geschehen. Also ist er jetzt hier, damit Sie es sofort tun. Er ist ein Mensch, der weiß, was er will. Er sagt Ihnen, was Sie machen sollen, obwohl er Ihnen gar nichts zu sagen hat. Er ist es gewohnt, dass andere machen, was er sagt. Solche Menschen sind im positiven Sinne oft als Führungskraft geeignet. Manchmal herrscht er allerdings auch, indem er andere einschüchtert. Seine persönlichen Angriffe sind aber nicht persönlich gemeint. Sie sind Mittel zum Zweck.

Er ist der wohl am häufigsten auftretende schwierige Kunde. Gerade im Umgang mit ihm braucht man all die Fähigkeiten und Fertigkeiten, die in den Kapiteln »Wie Sie eine gute persönliche Beziehung zum Kunden herstellen« und »Ihre persönlichen Ressourcen« beschrieben sind.

Aggressiv, Fokus auf die Sachebene

Kunde:	Ich habe bereits vor sechs Wochen ordnungsgemäß den Förderantrag für die zweite Mitarbeiterin gestellt und habe bis heute keinen Bescheid von Ihnen erhalten.
Mitarbeiter:	Wann genau haben Sie den Antrag gestellt?
Kunde:	Ich sagte Ihnen doch, vor nunmehr sechs Wochen. Der letzte Antrag war schon nach drei Wochen bewilligt. Wieso dauert das diesmal so lange?
Mitarbeiter:	An welchen Bearbeiter haben Sie ihn geschickt?

Kunde:	An Ihre Kollegin, Sie waren ja im Urlaub. Sagen Sie bloß nicht, Sie haben ihn nicht erhalten! Wenn Sie Ordnung in Ihrem Laden hätten, wäre sowas nicht passiert.
Mitarbeiter:	Mein Herr, so beruhigen Sie sich doch!
Kunde:	Sie sollen mich nicht beruhigen, sondern endlich etwas tun. Sie hatten sechs Wochen Zeit, den Antrag zu bearbeiten. Nichts ist passiert. Und jetzt bin ich hier, damit sofort etwas geschieht. Ich warte dringend auf die versprochene Bewilligung der Gelder. Ich sage Ihnen, ich habe täglich enorme Kosten für Personal, und Sie lassen mich entgegen unserer Absprache einfach hängen. Für wen arbeiten Sie eigentlich? Bin ich für Sie da oder Sie für mich?
Mitarbeiter:	Herr Schiller, ich verstehe, dass Sie die zugesagten Gelder dringend benötigen und dass Ihr Antrag auf Lohnkostenzuschuss von unserer Seite schon längst hätte bearbeitet werden sollen. Sie haben das Gefühl, dass wir nachlässig sind. Das kann ich gut verstehen. An Ihrer Stelle würde ich sicher ähnlich denken. Ich bin dafür da, damit die Angelegenheit jetzt sofort erledigt wird. Damit ich Ihnen schnell helfen kann, brauche ich kurz alle Daten zu dem geplanten neuen Arbeitnehmer, ich werde für Sie erneut ein Formular fertig machen, mich im Laufe des Tages um die Bewilligung kümmern und Ihnen noch heute Bescheid geben. Ist das so für Sie in Ordnung?
Kunde:	Ja, machen Sie schon.

So erkennen Sie den Diktator

Er wütet, ist aggressiv, gestikuliert mit dem Zeigefinger. Er schaut Ihnen in die Augen, hat genaue Vorstellungen, wird laut und gibt Ihnen Anweisungen. Seine Wut ist Taktik. Er will Sie einschüchtern, damit Sie sofort für ihn aktiv werden. Die Angelegenheit, wegen der er jetzt bei Ihnen ist, hätte nach seiner Ansicht bis gestern erledigt sein sollen. Da es nicht erledigt wurde, ist er hier, damit es jetzt geschieht. Er will die Situation beherrschen.

Ihre Strategie

Nicht persönlich nehmen

Der Diktator braucht einen Gesprächspartner, der ihm ebenbürtig ist, der selbstbewusst handelt, aber nicht aggressiv ist. Aggressiv zu sein, dieses Recht behält sich der Diktator selber vor. Er will Sie auch nicht unterwürfig. Es ärgert ihn, wenn Sie sich ständig entschuldigen und rechtfertigen. »Wer sich rechtfertigt, klagt sich an«, ist seine Devise. Darum: Atmen Sie kurz durch, und beziehen Sie seine persönlichen Attacken nicht auf sich.

Auf seine Art treten

Versuchen Sie nicht, ihn zu beruhigen. Das empfindet er als eine Verzögerungstaktik Ihrerseits, weil Sie nicht handeln wollen. Er hat sich doch gar nicht aufgeregt. Er will nur, dass Sie handeln. Geben Sie ihm kurz zu verstehen, dass Sie ihn in seiner Situation verstanden haben. Lassen Sie ihn vor allem wissen, dass Sie jetzt für ihn da sind und für ihn handeln. Hat er das verstanden, können Sie ihm auch klärende Fragen stellen. Wenn Sie die Fragen stellen, bevor er weiß, dass Sie auf seine Seite getreten sind, dann ist das für ihn ein Nicht-Handeln-Wollen. Das empfindet er als eine Attacke, und er wird noch aggressiver.

Nehmen Sie seinen inneren Rhythmus auf, seine Intensität, seine Motorik. Dann spürt er den Gleichklang mit Ihnen und kann Ihnen eher vertrauen. Spiegeln Sie seine Dringlichkeit.

Ich-Botschaften

Senden Sie Ich-Botschaften. Reden Sie über Ihre Befindlichkeit. Machen Sie ihm deutlich, dass Sie auf seiner Seite sind, für ihn handeln wollen.

Dem Diktator ist im Moment nicht an einer persönlichen Auseinandersetzung gelegen. Er will nur, dass gehandelt wird.

In Lösungen denken und handeln

Reden Sie mit ihm nicht lange über eventuell mögliche Lösungen, sondern fangen Sie gleich an zu handeln. Treffen Sie schnelle, klare Entscheidungen, denken Sie in Lösungen.

Der Besserwisser

Der Besserwisser ist ebenfalls aggressiv und hartnäckig. Auch er beherrscht Sie. Eine Angelegenheit ist ihm entglitten. Er hat die Dinge üblicherweise im Griff, und er will sie wie gewohnt unter Kontrolle haben.

Aggressiv, Fokus auf die Sachebene

Beraterin:	Guten Tag, Rundrum-Reisen, mein Name ist Johanna Emsig.
Kunde:	Mein Name ist Peter F. Conrad. Ich bin Direktor des Kurhotels in Bad Großen. Ich habe es ständig mit Tausenden von Erholungssuchenden aus dem In- und Ausland, also mit internationalem Publikum zu tun. Und jetzt habe ich ein Problem mit dem Flugticket eines Gastes.
Beraterin:	Was ist das für ein Problem?
Kunde:	Da steht keine Abflugzeit drauf.
Beraterin:	Das kann nicht sein. Die Abflugzeit steht immer automatisch drauf. Haben Sie das Ticket griffbereit?
Kunde:	Ich habe schon genug Tickets in der Hand gehabt. Und ich sage Ihnen, die Abflugzeit fehlt.
Beraterin:	Lassen Sie uns das Ticket gemeinsam durchgehen.
Kunde:	Ach, was. Ich habe keine Zeit für solch einen Unsinn. Rufen Sie einfach bei der Fluggesellschaft an, und klären Sie das!
Beraterin:	Herr Conrad, wenn das über einen Anruf zu klären ist, werde ich das selbstverständlich für Sie tun. Vielleicht können wir das auch viel schneller

für Sie klären. Sie haben ja als Direktor des Kurhotels schon viele Flugtickets in der Hand gehabt und wissen natürlich, dass die Fluggesellschaften die Tickets manchmal etwas unübersichtlich gestalten.

Kunde: Das kann man wohl sagen.

Beraterin: Sollte die Abflugzeit fehlen, werde ich mich natürlich sofort kümmern. Dazu brauche ich noch ein paar Angaben aus dem Ticket. Was steht denn unter ...?

So erkennen Sie den Besserwisser

Auch er ist verärgert, aggressiv und will Kontrolle über die Dinge.

Für gewöhnlich sieht er klar, diesmal scheint etwas nicht zu stimmen. Die Ursache kann nicht bei ihm liegen, denn er irrt sich nicht. Er will, dass das jetzt von Ihnen geklärt wird.

Ratschläge lehnt er ab: »Wenn das so einfach wäre, wäre ich schließlich schon selber darauf gekommen.«

Ihre Strategie

Sein Wissen bestätigen

Kratzen Sie nicht an seinem Ego. Lassen Sie ihn nicht auflaufen, vor allem nicht, wenn noch andere Kunden oder Mitarbeiter dabei sind. Wenn Sie ihn bei einer falschen Aussage erwischen, sollten Sie darüber hinweggehen, statt es ihn merken zu lassen.

Im Gegenteil. Bestätigen Sie ihm, dass Sie erkannt haben, dass er den Durchblick hat:

»Gerade Sie als Direktor wissen ja selber nur zu gut, ...«

»Wie Sie ja sicher auch schon gelesen haben, ...«

»Sie haben ja auch schon gehört, ...«

»Sie haben bestimmt auch schon die Erfahrung gemacht, ...«

»Sie sind doch Fachmann auf diesem Gebiet ...«

Auch wenn er diesmal nicht im Recht ist, lassen Sie ihn sein Gesicht wahren. Widersprechen Sie ihm nicht direkt. Kein »Ja, aber ...«, sondern ein »Ja, und ...«

Durch Fragen führen

Lassen Sie ihn selbst zum Ergebnis kommen, indem Sie das Gespräch indirekt durch Fragen führen:

»Was halten Sie von ...?«

»Was würde es Ihrer Meinung nach bedeuten, wenn ...?«

Der Wütende

Er regt sich über alles und jeden auf. Er explodiert manchmal ohne Vorwarnung und nimmt jedes Problem zum Anlass, um wüten zu können. Unter dem Deckmantel der Problemlösung ruft sein Ego nach Verständnis und Zuwendung. Dazu lässt er gern ganze Schimpfkanonaden los, macht allgemeine Pumpgesten, schaukelt sich hoch und gerät schließlich außer Kontrolle.

Aggressiv, Fokus auf die Gefühlsebene

Kunde: Was meinen Sie mit: »Kann ich Ihnen nicht sagen«?

Berater: Nun, ich habe noch keine Rückbestätigung.

Kunde: Das ist ja großartig. Noch keine Rückbestätigung. Die vom Vorstand sollen wohl unseren wichtigsten Kunden noch einen Tag hinhalten. Bloß weil Sie nicht fertig werden. Aber das ist ja typisch. Schauen Sie sich doch mal an, wie Sie hier arbeiten: diese Möbel und diese Kleidung und dieses Durcheinander. Das ist alles so typisch.

Berater: Herr Braun …

Kunde: Wissen Sie, was los ist? Wir sind alle nur Nummern in einer Riesenmaschine.

Berater: Herr Braun, Herr Braun, Sie brauchen sich nicht so aufzuregen.

Kunde: Nein? Niemand kümmert sich um den anderen. Nur kleine Rädchen in einer Maschine …

Berater: Herr Braun, ich kümmere mich darum. Ja, ich tue das, und ich bin hier, um Ihnen zu helfen.

Kunde: Ja, tatsächlich?

Berater: Ja, das ist richtig, Herr Braun. Ich bin sicher, wir können das klären. Warten Sie einen Moment, und wir sprechen das mal durch. Sie brauchen die Rückbestätigung für den Flug, damit Ihr Vorstand den Termin mit seinem Kunden festmachen kann.

Kunde: Es geht um Millionen. Unser wichtigster Kunde.

Berater: Ich verstehe. Es geht um Ihren wichtigsten Kunden, und es geht um Millionen. Und genau deshalb brauchen Sie die Rückbestätigung jetzt möglichst schnell.

Kunde: Ja, absolut.

Berater: Hm. Also die Kollegen von der Airline, die dafür zuständig sind, sind jetzt nicht mehr erreichbar. Aber ich denke, wenn ich direkt mal telefoniere mit ...

So erkennen Sie den Wütenden

Er tobt. Man kann nichts mit ihm anfangen, bevor er sich nicht beruhigt hat. Er nimmt einen äußeren Anlass, um sich innerlich hochzuschaukeln. Er hofft, dass Sie mitspielen und sich auch aufregen, so dass er die Zuwendung erzielt, die er haben will. Jede Zuwendung (auch negative) ist ihm lieber als gar keine. Wenn Sie also das Gespräch mit ihm in positive Bahnen lenken wollen, zeigen Sie Verständnis, und geben Sie ihm positive Zuwendung.

Ihre Strategie

Seine Aufmerksamkeit erlangen

Versuchen Sie zunächst, seine Aufmerksamkeit zu erlangen. Sprechen Sie ihn mit seinem Namen an, um ihn wieder ins Hier und Jetzt zurückzuholen. Mitunter ist es nötig, etwas intensiver zu werden, um seine Aufmerksamkeit zu bekommen.

Der Wütende braucht innerhalb weniger Sekunden das Signal, dass er bemerkt wird, sonst ist er irritiert. In seiner Stresssituation können Augenblicke zur Ewigkeit werden. Manchmal unterliegen auch Berater ihren eigenen Fluchtinstinkten, indem sie Blickkontakt vermeiden oder sich von der verärgerten Person abwenden und sich anderen Aufgaben zuwenden, die auch wichtig sind, zum Beispiel dem Einräumen von Regalen, und so den Kunden ganz ignorieren: »Sie sehen doch, dass ich zu tun habe.«

Sein Ego streicheln

Nehmen Sie Ihre Persönlichkeit zurück, und streicheln Sie zunächst sein Ego. Werfen Sie auf der Sachebene kein neues Pulver ins Feuer, geben Sie ihm keine neuen Argumente, die er auf die emotionale Ebene zieht, um zu explodieren, und handeln Sie nicht sofort, sondern geben Sie ihm die von ihm eingeforderte Zuwendung. Lassen Sie ihn wissen, dass Sie um seine Situation besorgt sind, und dass das, was er sagt, wichtig ist. Eine ruhige, sanfte Stimme gibt ihm das Gefühl der Sicherheit.

Unterbrechung herbeiführen

Mitunter ist er über seinen Ausbruch selbst erschrocken und wird verlegen. Geben Sie ihm die Gelegenheit, sein Gesicht zu wahren, indem Sie eine Unterbrechung herbeiführen. Lassen Sie etwas Zeit vergehen, damit seine Aufregung abklingen kann. Er wird Ihnen dafür dankbar sein, denn dieses ständige Aufregen macht ihn innerlich fertig. Wenn Sie keine reale Unterbrechung durchführen können, dann wenigstens eine psychologische. Der Berater im obigen Dialog formulierte: »Warten Sie einen Moment, und wir sprechen das einmal durch.« Und anschließend musste der Kunde gar nicht warten. Sein Unterbewusstsein hat allerdings gut zugehört und verstanden: »Du darfst deinen Emotionen nachher wieder freien Lauf lassen, aber jetzt wird erst einmal die Sache geklärt.«

Der Wütende scheint sich mitunter kaum vom Diktator zu unterscheiden, denn beide toben und werden laut. Und doch gibt es klare Unterschiede.

Diktator	Wütender
beide toben und werden laut	
hält scharfen Augenkontakt	blickt überall hin
zeigt mit dem Finger auf Sie	macht allgemeine Pumpgesten
weiß genau, was er will	weiß am Ende nicht mehr, worum es eigentlich ging
ist Taktiker	ist außer Kontrolle
tobt, damit gehandelt wird	tobt, um Aufmerksamkeit zu erlangen
möchte nicht beruhigt werden	ist Ihnen dankbar, wenn Sie ihn beruhigen
Handeln Sie schnell, zeigen Sie Betriebsamkeit	**Handeln Sie zunächst nicht, streicheln Sie zuerst sein Ego**

Tabelle 1: Unterschied zwischen dem Diktator und dem Wütenden

Der Unverschämte

Wenn Sie ihn nach einer fairen Lösung des Problems aus seiner Sicht fragen, dann wird es eine Lösung sein, die ihm alles gibt und Ihnen alles nimmt.

Aggressiv, Fokus auf die Gefühlsebene

Kunde: Wie bitte? Sie machen Scherze! Ihre Zahlungsziele sind völlig unrealistisch. Innerhalb von zehn Tagen zu zahlen ist durchaus nicht üblich, und wenn Ihnen das nicht gefällt, sehen wir uns nach einer anderen Agentur um.

Agentur: Moment, bitte, ich will Sie keineswegs überfordern. Natürlich liegt mir daran, dass die Zahlungszeiten auch für Sie realistisch sind. Das letzte, was ich will, ist, Sie zu verärgern.

Kunde: Das tun Sie aber!

Agentur: Ja, ich merke das schon. Glauben Sie mir, ich kann Sie sehr gut verstehen. Wir werden eine Regelung finden, die für uns beide gut ist. Dazu brauche ich Ihre Kooperation.

Kunde: Sie müssen sich einfach nur gedulden, bis Sie das Geld haben.

Agentur: Vor nunmehr zwölf Wochen haben Sie unsere Rechnung erhalten. Inzwischen haben Sie eine Zahlungsverpflichtung unterschrieben, nach der Sie vor sechs Wochen zahlen wollten. Danach haben Sie die zweite Mahnung bekommen. Jetzt ist es an der Zeit, dass Sie die Rechnung auch bezahlen.

Kunde: Unsere Kunden zahlen auch erst nach einem halben Jahr oder sogar noch später.

Agentur:	Sie sind erstaunt darüber, dass Sie eine Rechnung bereits nach zehn Tagen bezahlen sollen und wir nach drei Monaten ungehalten werden. Das passt ganz und gar nicht zu Ihren Vorstellungen.
Kunde:	In der Tat, das kann ich so nicht akzeptieren.
Agentur:	Gut, lassen Sie mich kurz mit unserem Geschäftsführer telefonieren, ich werde sehen, welche Frist er Ihnen einräumt.
Kunde:	Es interessiert mich nicht, was Ihr Chef mir einräumt oder nicht. Er bekommt sein Geld schon noch irgendwann.
Agentur:	Bitte gedulden Sie sich einen kurzen Moment, ich rufe ihn gleich an.
	(telefoniert)
	Gut, ich habe ihn gesprochen, und er ist der Meinung, dass Sie die Rechnung heute bezahlen sollten.
Kunde:	Damit bin ich nicht einverstanden, das ist mir überhaupt gar nicht möglich.
Agentur:	Sie haben den Vertrag mit uns unterzeichnet, in dem genau diese zehn Tage als Zahlungsfrist vereinbart sind.
Kunde:	Ich werde mir wohl doch eine andere Agentur suchen müssen.
Agentur:	Sehen Sie, es wäre wirklich schade, Sie als Kunden zu verlieren. Wir haben inhaltlich immer gut zusammengearbeitet, Ihre Aufträge haben wir gern bearbeitet, und unsere Mitarbeiter mögen Sie. Es liegt uns fern, mit Ihnen Verträge zu machen, die für Sie nicht akzeptabel sind.
Kunde:	Ja, das weiß ich selbst.
Agentur:	Sie haben eine ganze Weile Gelegenheit gehabt, diese Rechnung zu bezahlen, und wir wollen gern auch in Zukunft mit Ihnen zusammenarbeiten.

Kunde: Ja, das möchte ich auch.

Agentur: Gut, Ihre Vorstellungen von Leistung und Gegenleistung decken sich nicht mit den unsrigen. Sie wissen, dass wir nach dieser zweiten Mahnung einen Rechtsanwalt einschalten können und die Rechnung dann noch höher für Sie wird. Ich vermute, Sie sind derzeit in argen Zahlungsschwierigkeiten und deswegen nicht sehr geneigt, Ihre Rechnungen vertragsgemäß zu zahlen.

Kunde: Ich warte in der Tat auf eine größere Summe, die mir ein Auftraggeber noch schuldet.

Agentur: Ich biete Ihnen folgende Vorgehensweise an: Geben Sie uns jetzt zwei Verrechnungsschecks über jeweils die Hälfte des noch offenen Betrages, und ich löse den ersten in zwei Wochen und den anderen erst in vier Wochen ein. Ist Ihnen damit geholfen?

So erkennen Sie den Unverschämten

Er ist eine Mischung zwischen dem Beherrschenden und dem Wütenden. Er bringt seine unrealistischen Forderungen mit einer bestechenden Logik und Sachlichkeit hervor. Allerdings ist er kaum kooperativ.

Ihre Strategie

Seine Wünsche erfüllen

Wenn es irgendwie möglich ist, dann sollten Sie ihm geben, was er will. Loten Sie alle Möglichkeiten aus, um ihn als Kunden zu behalten. Fragen Sie nach, bis wohin Sie mit Ihren Zugeständnissen gehen können. Zeigen Sie ihm aber auch deutlich die Grenzen. Wenn diese überschritten werden, dann können Sie die Beziehung nur noch beenden.

Es kann mitunter nützlich sein, nach den Hintergründen für das unverschämte Verhalten zu fragen. Wenn Sie die Ursache für den Konflikt des Kunden kennen, können Sie eher Lösungen finden, mit denen beide Seiten leben können.

Im Beispiel ist jetzt der Punkt gekommen, dass der Kunde zwei Schecks ausstellt und so eine weitere Zusammenarbeit ermöglicht wird oder dass die Agentur die Beziehung abbricht und ihre Forderungen einklagt.

Die Beziehung beenden

Erst wenn alle Möglichkeiten ausgelotet sind und der Kunde kein Entgegenkommen zeigt, ist zu überlegen, ob es in diesem konkreten Fall sinnvoller ist, die Kundenbeziehung zu beenden. Treffen Sie die Entscheidung nach gründlicher Überlegung: Was schadet oder nützt langfristig mehr?

Geben Sie seinen unverschämten Forderungen nach, wird er bei der nächsten Gelegenheit kaum geringere Forderungen haben. Und dort, wo er Sie weiterempfiehlt, wird er gleich sagen, wie man das meiste bei Ihnen herausschlagen kann.

Auch Ihr Betriebsklima kann unter seinen unverschämten Forderungen leiden: einerseits kämpfen die Kollegen darum, dass Vereinbarungen eingehalten werden, andererseits erleben sie, dass ein bestimmter Kunde mit Ihnen machen kann, was er will.

Ein Tipp zur Verhandlungsführung: Zugeständnisse sollten Sie dem Kunden nur dann machen, wenn auch er einen Schritt in Ihre Richtung macht, zum Beispiel: »Wenn ich Ihrem Preiswunsch entsprechen kann, kann ich dann davon ausgehen, dass Sie den Vertrag um ein Jahr verlängern?« Nur, wenn er sich Ihre Zugeständnisse »erkämpfen« musste, weiß er sie auch zu schätzen.

Der Sarkastische

Er regt sich nicht laut auf. Vielmehr macht er den Eindruck eines zufriedenen Kunden.

Aggressiv, Fokus auf die Gefühlsebene

Herr Lux:	Ich werde Ihnen das Adressmaterial noch in dieser Woche zuschicken.
Frau Jonas:	Schon gut, wir werden sehen, wann ich es wirklich habe.
Herr Lux:	Sie sagen, Sie werden sehen, wann Sie es wirklich haben. Frau Jonas, haben Sie in der Vergangenheit einmal eine weniger gute Erfahrung mit uns gemacht?
Frau Jonas:	Nein, nicht direkt, es ist jedenfalls nicht der Rede wert.
Herr Lux:	Bitte erzählen Sie es mir trotzdem. Was ist passiert?
Frau Jonas:	Na gut. Das Adressmaterial, das Sie mir bereits vor einem Monat zugesagt haben, war erst Anfang dieser Woche in meiner Post. Ich kann so nur sehr schwer meine Projekte koordinieren, und mein Zeitplan kommt völlig durcheinander.
Herr Lux:	Ich verstehe Sie gut.
Frau Jonas:	Nun, das ist nicht gleich eine Katastrophe, aber es ist eben ärgerlich.
Herr Lux:	Das tut mir wirklich leid, dass Sie durch mich in Zeitschwierigkeiten geraten sind, und ich danke Ihnen, dass Sie mir das gesagt haben. Leider kann ich an der Verzögerung im letzten Monat nichts mehr ändern, aber ich kümmere mich auf

	jeden Fall darum, dass das künftig nicht mehr vorkommt. Das Adressmaterial von diesem Monat werden Sie spätestens bis Freitag auf Ihrem Tisch haben. Ich verspreche Ihnen, das wird diesmal klappen.
Frau Jonas:	Das müssen Sie nicht tun.
Herr Lux:	Doch, ich bestehe darauf. Ich werde das so durchsetzen, das bin ich Ihnen schuldig.
Frau Jonas:	Gut, vielen Dank.

So erkennen Sie den Sarkastischen

Bei ihm haben sich Wut, Ärger, Stress angestaut. Ein großer Stausee ist bis zum Rand voll und schwappt jetzt über. Den Stausee hat der Sarkastische noch im Griff, und so merken wir nur das, was überschwappt. Und das ist eine spitze Bemerkung, die er macht. Hinter kleinen spitzen Bemerkungen stecken also angestaute Emotionen. Manchmal sagt er nicht einmal etwas, und wir sehen nur seine hochgezogenen Augenbrauen, die verzogenen Mundwinkel oder wie er die Augen verdreht.

Ihre Strategie

Auf seine spitze Bemerkung eingehen

Sie könnten die kleine spitze Bemerkung entweder einfach überhören oder gar kontern: »Ihre Spitzen können Sie ruhig stecken lassen!« Schließlich bleibt er ja ansonsten ganz nett, und die Welt wird wegen der kleinen Spitze nicht gleich zusammenbrechen.

Wecken Sie hier aber lieber schlafende Hunde, und gehen Sie darauf ein. Kümmern Sie sich nicht nur um den übergeschwappten Stress, sondern auch um den dahinter liegenden Stausee.

Sie sollten ihm aktiv zuhören, indem Sie seine Bemerkung spiegeln. Lassen Sie sich von ihm erklären, wie er das gemeint hat. Sein Bedürfnis nach Zuwendung durch Sie ist zunächst größer als sein Bedürfnis, das Problem zu lösen. Darum sollten Sie ihm auch zuerst die nötige Zuwendung schenken, bevor Sie sein Problem klären.

Vielleicht wird er über seine Bemerkung selber erschrocken sein, denn er wollte seinen Frust eigentlich für sich behalten. Es könnte also sein, dass er beim Nachfragen seine Bemerkung verharmlost. Nehmen Sie sie ernst. Fragen Sie noch einmal nach. Der Sarkastische empfindet Ihr Nachfragen als Streicheleinheit. Er genießt es, wenn Sie zweimal nachfragen.

Nach der zweiten Frage wird er Ihnen erzählen, was ihn bedrückt. Erzählt er nach der zweiten Nachfrage nicht, will er Sie damit nicht belasten. Im Allgemeinen hat sein angestauter Frust dann auch nichts mit Ihnen oder Ihrer Firma zu tun.

Wenn Sie jetzt erfahren haben, was den Kunden geärgert hat, dann zeigen Sie zunächst Verständnis. Wenn es etwas mit Ihnen oder Ihrer Firma zu tun hatte, können Sie zwar das Geschehene nicht ungeschehen machen, aber Sie können den Beweis antreten, dass das künftig nicht mehr vorkommt.

Der Pedant

Sein Problem besteht darin, dass er den Blick für das Ganze und sich selbst dabei im Detail verloren hat: »Mache ich es so oder doch lieber so? Aber dann ist das so und das nicht. Nun ja, vielleicht doch lieber so, aber dann …«

Passives Verhalten, Fokus auf die Sachebene

So scheiterte der Mitarbeiter im Reisebüro

Kunde: Ich finde den Hotelbau einfach furchtbar.

Mitarbeiter: Aber die Zimmer sind sehr nett.

Kunde: Mir gefallen so große Hotels sowieso nicht. Ich hasse Menschenmassen.

Mitarbeiter: Was ist mit den Appartments auf Menorca?

Kunde: Auf Menorca ist zu wenig los.

Mitarbeiter: Na, dann eben die Anlage auf Mallorca.

Kunde: Die liegt nicht direkt am Strand.

Mitarbeiter: Was ist mit diesem Familienhotel?

Kunde: Die Bucht gefällt mir nicht.

Mitarbeiter: Dann das Familienhotel in dieser Bucht: feiner Sandstrand, viele nette Restaurants, Bars und eine gute Diskothek.

Kunde: Die haben aber keine Vollpension.

Mitarbeiter: Ich weiß, Sie mögen das kleine Hotel auf dem Felsen. Herrlicher Blick vom Balkon, Vollpension, und Sie können dort Sport treiben und viele andere Dinge unternehmen.

Kunde: Das ist zu weit weg vom Flughafen.

Mitarbeiter:	Also, wir haben uns jetzt 39 Angebote in Europa und Nordafrika angesehen.
Kunde:	Ich schätze, ich bin eben schwer zufrieden zu stellen.
Mitarbeiter:	Nun, ich denke, wir haben den Nahbereich ausgeschöpft. Um Ihre Wünsche zu erfüllen, brauchen Sie eine Fernreise.
Kunde:	Aber ich hasse lange Flüge.

So war die Mitarbeiterin im Reisebüro erfolgreich

Kunde:	Na ja, das Hotel ist ein bisschen alt.
Mitarbeiterin:	Ja, das stimmt. Andererseits gibt es auch neuere Anlagen, die nichts wert sind.
Kunde:	Ja, das stimmt auch. Es muss seinen Preis schon wert sein.
Mitarbeiterin:	Ja, das ist doch klar. Also, lassen Sie mich etwas vorschlagen. Diese beiden Anlagen haben den gleichen Preis (zeigt ein Bild). Das ist das Hotel auf Rhodos (zeigt ein anderes Bild). Das ist das, welches Ihnen auf Zypern gefiel. Welches finden Sie besser?
Kunde:	Das hier.
Mitarbeiterin:	Was bevorzugen Sie denn an dem Hotel auf Rhodos?
Kunde:	Nun, es ist nahe beim Flughafen. Aber ich mag die Größe des Hotels nicht. Es ist einfach zu groß. Zu viele Menschen, wissen Sie, und dann die Entfernung zum Strand und die Diskothek.
Mitarbeiterin:	Schön, dass Sie sich für die Details interessieren. Für die schönsten Wochen des Jahres will auch alles genau überlegt sein. Es soll Ihnen ja gefallen. So, da ist auf der einen Seite die kurze Transferzeit und andererseits die Größe des

	Hotels, die Entfernung zum Strand und die Diskothek. Gut, was noch?
Kunde:	Nichts weiter.
Mitarbeiterin:	Gut, was mögen Sie?
Kunde:	Ich mag die Gegend, das Klima, der Preis ist annehmbar.
Mitarbeiterin:	Sie beachten wirklich alle Details. Nun, Sie können die Größe des Hotels nicht ändern. Hat die Größe des Hotels nicht auch etwas mit der Vielfalt des Freizeitangebots zu tun?
Kunde:	Richtig.
Mitarbeiterin:	Die Entfernung zum Strand beträgt in der Tat etwa sieben Minuten mit einem kostenlosen Pendelbus. Da der Bus aber mehrere Strandabschnitte anfährt, bietet das Ihnen eine Menge Abwechslung. Und was die Diskothek anbetrifft, so mache ich einen Vermerk, dass Sie auf ein ruhiges Zimmer Wert legen.
Kunde:	Gut, dann lassen Sie mich das Hotel nehmen.

So erkennen Sie den Pedanten

Er spricht nur über Details, will alles ganz genau wissen und kann sich nicht entscheiden. Er sucht und findet jeden Krümel in der Suppe. Er ist bereit, nicht nur die negativen Aspekte einer Sache zu sehen, sondern auch die positiven Seiten. Somit kann man sachlich-logisch mit ihm umgehen, im Gegensatz zum ewigen Meckerer.

Ihre Strategie

Detailinformationen zusammentragen

Schätzen Sie seine Aufmerksamkeit für Details. Für bestimmte Tätigkeiten werden genau diese Menschen gebraucht, zum Beispiel in der Buchhaltung oder auch bei technischen Entwicklungen. Er braucht Detailinformationen. Also tragen Sie die für ihn nötigen Details zusammen. Klären Sie Detail für Detail.

Belegen Sie Ihre Details.

Um die Ursachen kümmern

Mitunter hat der Analytiker auch stichhaltige Gründe für sein Verhalten. Vielleicht hat er in der Vergangenheit bestimmte Erfahrungen gemacht, die ihn gelehrt haben, auf jede Kleinigkeit zu achten. Es kann wichtiger sein, Grundsätzliches zu klären, als auf die momentanen Details einzugehen, zum Beispiel Vertrauen zu Ihnen, in Ihr Produkt, Ihren Service zu schaffen.

Gesamtbild sehen lassen

Kennen Sie den Effekt: Sie sitzen in einer gemütlichen Bierkneipe. Es ist voll. Alle unterhalten sich. Sie hören einem Gespräch am Nachbartisch zu. Dann versinkt der Geräuschpegel der anderen Gäste in den Hintergrund. Sie nehmen ihn fast nicht mehr wahr. Sie haben sich ganz auf das Gespräch am Nachbartisch konzentriert. Schicken Sie Ihre Konzentration an einen anderen Tisch, werden Sie von dort Gesprächsfetzen mitbekommen. Dabei tritt jedoch das Gespräch am ersten Tisch in den Hintergrund. Unser Interesse hat unsere Aufmerksamkeit gesteuert. Wenn Sie sich jetzt für die allgemeine Atmosphäre im Gastraum interessieren, bekommen Sie zwar den Überblick, werden Details aber weniger registrieren.

Der Analytiker ist trainiert, Details zu sehen. Dadurch hat er den Blick für das Ganze verloren. Um eine Entscheidung treffen zu können, braucht er den Überblick. Helfen Sie ihm, das Ganze wieder zu sehen.

Ordnen Sie seine Gedanken. Wägen Sie gemeinsam mit ihm ab, was dafür spricht und was dagegen, sammeln Sie das Für und Wider. Visualisieren Sie den Abwägeprozess.

Contra in Pro verwandeln

Jedes Ding hat bekanntlich zwei Seiten. So fasziniert uns der Anblick einer Rose. Andererseits hat sie auch Dornen. Für viele Dinge, die aus der Sicht des Kunden zunächst auf die Contraseite gehören, lassen sich auch positive Seiten finden.

In unserem Gesprächsbeispiel könnte ein Visualisieren der Details, das Herstellen des Gesamtbildes und Abwägen des Für und Wider so aussehen:

Pro Was spricht dafür?	Contra Was spricht dagegen?
Kurze Transferzeit	
Klima	
Preis	
Vielfalt des Freizeitangebots	zu großes Hotel
kostenloser Pendelbus zu mehreren Strandabschnitten	zu große Entfernung zum Strand
ruhig gelegenes Zimmer	Diskothek

Tabelle 2: Abwägeprozess visualisieren

Der Meckerer

Der Meckerer ist absolut negativ. Während der Pedant sowohl positive als auch negative Details sieht, ist die Welt des Meckerers nur grau in grau. Der Meckerer lebt in einer negativen Welt. Eigentlich will er, dass gehandelt wird. Er will eine Lösung für sein Problem. Andererseits hat er kaum Hoffnung, dass dabei etwas Vernünftiges herauskommen kann. Sein Pessimismus lähmt ihn.

Passives Verhalten, Fokus auf die Sachebene

Mitarbeiter: Was kann ich für Sie tun?

Kunde: Ich möchte eine Last-Minute-Reise.

Mitarbeiter: Woran dachten Sie?

Kunde: Was haben Sie denn überhaupt da?

Mitarbeiter: Vielleicht kann ich Ihnen etwas empfehlen?

Kunde: La Palma haben Sie doch bestimmt nicht. Ist denn Teneriffa da?

Mitarbeiter: Nein, leider nicht. Aber auf den Kanaren hätte ich noch Fuerteventura.

Kunde: Das ist doch zu öde.

Mitarbeiter: Nun, könnte ich Ihnen Menorca anbieten?

Kunde: Zu teuer.

Mitarbeiter: Ich habe da ein sehr preisgünstiges Angebot.

Kunde: Ich sagte, nein. Haben Sie Sizilien?

Mitarbeiter: Nein, im Moment gerade nicht. Wir haben Kreta.

Kunde: Ich hasse Kreta. Ich sehe hier in Ihrem Angebot nichts. Dann gehe ich eben woanders hin.

Mitarbeiter: Mögen Sie vielleicht Griechenland?

Kunde: Das ist um diese Jahreszeit viel zu verbrannt, nichts Grünes.

Mitarbeiter:	Dann Mallorca vielleicht.
Kunde:	Da ist doch nur Massentourismus.
Mitarbeiter:	Dann eben eine Finca, in einer Gegend, in der nicht so viele Menschen sind.
Kunde:	Ich hasse Fincas.
Mitarbeiter:	Dann eben ein kleines Hotel, abgelegen, kaum Touristen, ein kleiner Pool.
Kunde:	Also, ein kleines Hotel auf Mallorca. Drei Wochen – aber wenigstens vier Sterne.

So erkennen Sie den Meckerer

Jeder von uns beklagt sich mal mehr oder weniger berechtigt, hat an anderen etwas auszusetzen oder nörgelt einfach so.

Der Meckerer allerdings beklagt sich ständig. Er denkt problemorientiert, redet nur schlecht über andere und ist nicht bereit, Verantwortung zu übernehmen. Statt dessen sucht er lieber die Schuld bei anderen. Er nörgelt ständig. Die ganze Welt ist eine einzige Aneinanderreihung von Katastrophen.

Wenn er seine Meinung äußert, neigt er zu Verallgemeinerungen wie »immer«, »nie«, »alle«, »keiner«.

Ihre Strategie

Ihn in seiner negativen Welt belassen

Versuchen Sie nicht, ihn zu einer positiveren Weltsicht bekehren zu wollen. Er befindet sich in einem Negativ-Gefängnis. Negatives Denken ist fest in seinem Glauben verankert. Darum wird er den Beweis dafür antreten, dass er mit seiner negativen Einstellung Recht hatte. Haben Sie einen seiner Einwände positiv bearbeitet, wird er den nächsten produzieren. Selbst wenn Sie sein Problem hundertprozentig lösen könnten, würde er Sie nur mitleidig ansehen, und seine Antwort wäre: »Alles Theorie, in der Praxis sieht das ganz anders aus.« »Das geht nicht, weil ...« Und wenn es dann doch geklappt hat, war das natürlich purer Zufall. Widersprechen Sie ihm nicht, versuchen Sie nicht, aus ihm einen positiv denkenden Menschen zu machen.

Generalisierungen unterbrechen

In Ihrem Umgang mit dem Meckerer sollten Sie Generalisierungen vermeiden (er meldet sonst den Gegenpol an). Stattdessen können Sie seine Generalisierungen unterbrechen und das Körnchen Wahrheit darin suchen:

Er: »Immer ist alles falsch.« Sie: »Ist wirklich *immer alles* falsch?« Jetzt wird er relativieren: »Na ja, nicht immer alles, aber neulich ist da ein Fehler aufgetreten.«

Er: »Nichts funktioniert.« Sie: »Geht wirklich *gar nichts*?« Er relativiert jetzt: »Doch, das Programm läuft schon. Nur bei der Einstellung der Farben für den Drucker, da habe ich noch Probleme.«

Er: »Immer wollen alle nur mein Geld.« Sie: »Wollen wirklich *alle immer* nur Ihr Geld?« Er relativiert: »Letzte Woche waren wieder zwei Vertreter bei mir, die wollten mir doch tatsächlich für gutes Geld Dinge aufschwatzen, die ich wirklich nicht brauche.«

Wie könnte es doch gehen?

Wenn er nur Probleme sieht, fragen Sie ihn, wie es im Idealfall gehen *könnte*. Da jedes Ding zwei Seiten hat, fragen Sie ihn, was gut daran sein könnte, wenn er nur die negativen Aspekte einer Sache beschreibt.

Wahlmöglichkeiten anbieten

Bieten Sie ihm viele Wahlmöglichkeiten. In unserem Gesprächsbeispiel: Herr Meckerer möchte verreisen. Auch wenn er an jedem Angebot etwas auszusetzen hat, wird er schließlich das kleinere Übel wählen. Außerdem hat der Mitarbeiter aus der ablehnenden Reaktion des Kunden mehr Details erfahren.

Der Redselige

Der Redselige ist meist sehr nett, aber auch nicht leicht zu behandeln. Er mag Sie. Er möchte, dass auch Sie ihn mögen. Er bleibt bei Ihnen, solange er kann.

Passiv,
Fokus auf die
Gefühlsebene

So nimmt das Gespräch kein Ende

Kundin:	Ich brauche ein gutes Fleckenwasser. Wissen Sie, mein Kleid hat auf der Hochzeit einen Fleck bekommen. Wir haben nämlich im »Goldenen Bären« gefeiert. Obwohl unsere Wohnung eigentlich groß genug ist. Doch unsere Tochter meinte, wir sollten lieber im »Goldenen Bären« feiern. Wegen der vielen Arbeit ...
	(redet und redet und redet)
	Das ist eben so, nicht wahr. Wenn die Kinder groß werden und ihre eigenen Wege gehen wollen.
Mitarbeiter:	Genau.
Kundin:	Aber die Feier, die war wirklich schön. Sie müssen nämlich wissen, dass schließlich doch alle gekommen waren. Sogar der Kurt. Also, Kurt, das ist mein Schwager. Und der ist ja manchmal ein bisschen launisch.
Mitarbeiter:	Was für ein Fleck ...
Kundin:	Jedenfalls hat allen die Feier gefallen. Und alle haben getanzt. Wie schon gesagt, sogar der Kurt. Bis er sich dann mit Herrn Enders gestritten hat. Ich kann mir gar nicht vorstellen, wie es überhaupt dazu gekommen ist. Alle hatten so gute

Laune. Herr Enders, müssen Sie wissen, ist der Vater von Jochen, also meinem Schwiegersohn.

Mitarbeiter: Ja, ich verstehe. Was für ein Fleck ...

Kundin: Eben waren noch alle in bester Stimmung. Und da haben die beiden losgebrüllt. So von einem Moment zum andern. Können Sie sich das vorstellen? Wir waren alle vor Entsetzen erstarrt.

– P a u s e –

Der Mitarbeiter kann es kaum fassen, dass die Kundin schweigt und sieht seine Chance:

Mitarbeiter: Was für ein Fleck ...

Kundin: Wir haben natürlich alle versucht, die beiden zu beruhigen. Und durch das Handgemenge ist das Geschirr runtergefallen und eben auch über mein Kleid. Ich hatte es mir extra für die Hochzeit gekauft ...

Mitarbeiter: Nun sagen Sie schon, was für Flecken ...

Kundin: Lauter Flecken. Es war so ein teures Kleid. Wir hatten für die Hochzeit extra auf unseren Urlaub verzichtet ...

Der Mitarbeiter ist verzweifelt und gereizt. Er kann seinen Ärger kaum verbergen. Die Kundin redet wie ein Wasserfall.

So klappt es besser

Sie sollten die redseligen Zeitdiebe nicht zum Schweigen bringen, sonst werden sie zu stillen Rächern. Sie sollten sie allerdings dazu bringen, über die wichtigen Dinge zu reden:

Kundin: Ja, bitte. Ich brauche ein gutes Fleckenwasser, wissen Sie. Mein Kleid hat auf der Hochzeit einen Fleck bekommen. Wir haben nämlich im »Goldenen Bären« gefeiert.

Mitarbeiter: Und da sind Flecke auf Ihr Kleid gekommen.

Kundin: Obwohl meine Wohnung eigentlich groß genug ist. Ja, weil sich Kurt – das ist mein Schwager – und Herr Enders gezankt haben.

Mitarbeiter:	Und dabei ist etwas auf Ihr Kleid verschüttet worden.
Kundin:	Herr Enders, das ist der Vater von Jochen, meinem Schwiegersohn.
Mitarbeiter:	Was ist denn auf Ihr Kleid verschüttet worden?
Kundin:	Na, das Glas. Herr Enders war gerade aufgestanden, als er die Tischdecke mitgezogen hat.
Mitarbeiter:	Und da ist der Inhalt des Glases auf Ihr Kleid verschüttet worden. Was war denn in dem Glas?
Kundin:	Lauter Rotwein. Wissen Sie, das weiße Kleid. Ich hatte es mir extra für die Hochzeit gekauft.
Mitarbeiter:	Und jetzt brauchen Sie ein Mittel gegen Rotweinflecken?
Kundin:	Na, ich hoffe doch, dass das wieder rausgeht. Es war so ein teures Kleid. Wir haben wegen der Feier dieses Jahr extra auf unseren Urlaub verzichtet.
Mitarbeiter:	Das Kleid ist bestimmt aus einem schönen Material.
Kundin:	Alles reine Baumwolle. Das trägt sich ganz einfach besser auf der Haut.
Mitarbeiter:	Genau. – Mit diesem Mittel gelingt es bestimmt.
Kundin:	Aber davon abgesehen. Man heiratet ja nur einmal. Wir sind jetzt auch schon seit 30 Jahren verheiratet.
Mitarbeiter:	Herzlichen Glückwunsch. Die kleine oder die große Packung?

So erkennen Sie den Redseligen

Er redet und redet und redet auch wenn alles gesagt ist. Er schweift von einem Thema zum anderen. Er erzählt Ihnen Dinge, die zur Klärung unwichtig sind.

Ihre Strategie

Anknüpfen

Beim redseligen Zeitdieb ist im Kopf ein Schubfach geöffnet worden, und nun schlängelt sich die ganze Assoziationskette heraus. Wenn der Redselige in weite Verästelungen abschweifen will, dann bringen Sie ihn geduldig und beharrlich wieder zum Thema zurück. Knüpfen Sie dazu an seine Worte an.

Assoziationsketten abschneiden

Eine andere Möglichkeit, ihn wieder auf das Wesentliche zu bringen, besteht darin, seine Assoziationskette abzuschneiden und das Schubfach zu schließen.

Unterbrechen Sie seinen Redefluss. Ein Dauerredner ist das gewohnt. Andere Menschen haben auch keine andere Chance, sich bei ihm Gehör zu verschaffen. Gut ist es, wenn Sie jetzt seinen Namen kennen und ihn mit seinem Namen ansprechen können: »Herr Krause, eine kurze Frage, damit ich es nicht vergesse.« Und dann stellen Sie ihm eine kurze Frage, also eine geschlossene Frage, eine Frage, auf die Sie die Antwort »Ja« oder »Nein« bekommen. Statt also beispielsweise zu fragen: »Was halten Sie von dem Vorschlag, den ich Ihnen vorhin gemacht habe?« (diese Frage öffnet ein neues Schubfach, und der Kunde fängt wieder an, endlos zu assoziieren), fragen Sie lieber: »Sind Sie mit meinem Vorschlag, den ich Ihnen vorhin gemacht habe, einverstanden?« Zu erwarten ist die Antwort »Ja« oder »Nein«. Sie: »Gut.« – Und Sie haben die Gesprächsführung wieder in der Hand. Selbst bei einem »Ja, aber ...« Ihres Kunden haben Sie wenigstens erreicht, dass wieder über die Dinge gesprochen wird, über die zu sprechen ist.

Gespräch beenden

Fassen Sie zusammen: »Es hat mich gefreut, mit Ihnen zu sprechen.« »Wir verbleiben also folgendermaßen.«

Sprechen Sie in der Vergangenheitsform: »Gut, dass wir darüber gesprochen haben.« Oder: »Gut, dass Sie uns darüber informiert haben.« Sagen Sie, was Sie als nächstes für den Kunden tun werden: »Sobald wir das Gespräch beendet haben, werde ich Folgendes für Sie tun ...«

Ihm zeigen, dass Sie ihn schätzen

Der Zeitdieb möchte geliebt werden. Das bedeutet, dass er Ihnen weder im Wege stehen, noch von Ihnen als Nervensäge empfunden werden will. Deswegen können Sie ihn um Hilfe bitten: »Sie können mir behilflich sein. Da ist noch ein anderer Kunde, der mich braucht.« Oder: »Oh, ich habe über unser Gespräch glatt die Zeit vergessen. Ich habe noch Folgendes zu tun ...«

Zeigen Sie ihm, dass auch Sie ihn schätzen. Geben Sie ihm eine Sicherheit für die Zukunft. Geben Sie ihm Ihre Durchwahl, damit er Sie leichter erreichen kann.

Zeitliche Grenzen setzen

Kommt der redselige Zeitdieb öfter, und erkennen Sie im Voraus, können Sie vorbeugen: lassen Sie den Zeitdieb nicht spüren, dass Ihnen die Zeit knapp ist, sonst wird er sich noch intensiver bemühen, etwas von Ihrem knappen Gut zu bekommen. Schenken Sie ihm stattdessen von Anfang an ein angemessenes Stück Ihrer Zeit: »Ich habe noch fünf Minuten Zeit. Da bin ich nur für Sie da. Danach habe ich einen Termin.«

Der Rächer

Er ist meist sehr nett, denkt sich aber seinen Teil und zieht bei passender Gelegenheit die Konsequenzen. Heimliche Rächer sind deshalb so gefährlich, weil sie stets freundlich und unauffällig bleiben.

Passiv, Fokus auf die Gefühlsebene

Vermieter: Herr Merten, Sie haben mit mir einen Mietvertrag über zehn Jahre für dieses Büro abgeschlossen. Sie selbst bestanden auf diese lange Zeit.

Mieter: Ja, aber inzwischen brauche ich das Büro gar nicht mehr.

Vermieter: Nun, das tut mir wirklich leid, aber ich habe mich auf diese Mieteinnahmen verlassen, sonst hätte ich ja einem anderen Mieter dieses Büro angeboten.

Mieter: Ja, das ist mir schon klar. (Er denkt aber: Der hat sich ja prima abgesichert.)

Vermieter: Wir haben nun mal diesen Vertrag, und daher sind Sie verpflichtet, die Miete für zehn Jahre zu zahlen.

Mieter: Ja, sicher, ich verstehe. (Er denkt: Das ist ja ein richtiger Ausbeuter.)

Vermieter: Ich weiß, das ist jetzt sehr hart und unangenehm für Sie. Sie zahlen für ein Büro, das Sie nun nicht mehr benötigen.

Mieter: So ist es. (Er denkt: Sie sind wirklich ein Bürokrat, ich bin schwer enttäuscht.)

Vermieter: Es tut mir wirklich leid für Sie, dass Sie jetzt in Schwierigkeiten sind. Ich will Ihnen entgegen-

	kommen und mache Ihnen folgenden Vorschlag: Sie werden nach der Kündigung des Mietvertrags ihrerseits nur noch für ein halbes Jahr die Miete weiterzahlen und nicht für die verbleibenden sieben Jahre. Um dieses halbe Jahr möglichst noch weiter zu verkürzen, werden wir uns beide intensiv um einen baldigen Nachmieter bemühen. Ist das akzeptabel für Sie?
Mieter:	Vielen Dank, ich werde mich auch rasch um einen Nachmieter bemühen. (Er denkt: Eigentlich fair, so schlecht ist der Typ gar nicht. Den kann man weiterempfehlen.)

So erkennen Sie den heimlichen Rächer

Dieser Kundentyp tritt häufiger auf, als man gemeinhin annimmt. Er ist ein netter Kunde. Er scheint pflegeleicht zu sein. Er bleibt freundlich, auch wenn alles schief geht. Er beschwert sich nicht vor Ort, auch wenn die Verkäuferin oder der Berater mürrisch oder brummig ist, weil er Sonderwünsche hat. Er sagt auch nichts, wenn er lange warten muss und man sich keine Spur um ihn zu kümmern scheint. Er macht seinem Ärger nicht sofort Luft, er macht keine Szene. Wenn er aber geht oder das Telefon auflegt, ohne dass Sie auf seine wahren, nicht ausgesprochenen Bedürfnisse eingegangen sind, dann plant er heimlich seinen Rachefeldzug. Seine Rache besteht darin, dass er einfach nicht mehr wiederkommt und für einen schlechten Leumund sorgt. Diese Rache ist viel tödlicher. Sie wissen ja: Unzufriedene Kunden sagen es zehn anderen Menschen weiter.

Ihre Strategie

Unausgesprochenen Beschwerden zuvorkommen

Bringen Sie in Erfahrung, was in ihm vorgeht. Erraten Sie es. Formulieren Sie seine Befindlichkeit. Seien Sie nett zu ihm, nehmen Sie sich die Zeit, und spiegeln Sie ihn so lange, bis Sie hinter seine wahren Bedürfnisse gekommen sind. Da der heimliche Rächer solche Menschen, die wirklich auf ihn eingehen, selten erlebt, ist er begeistert von Ihnen. Da sein Fokus auf die Beziehungsebene gerichtet ist, mag er Sie und wird zu einem Anwalt für Sie und Ihr Unternehmen.

Jeder, der mit uns in Kontakt tritt, muss eine positive Erfahrung machen.«

(Michel Gothier, Geschäftsführer von Lechner Küchenplatten, Motivation 4/1996)

»Nur zufriedene Verkäufer leisten Service. Vorausgesetzt, der Chef behandelt seine Angestellten fair.«

(Jürgen Hundertmark, Marktleiter in Kaiseresch an der Mosel, FOCUS 4/1998)

Schwierige Gesprächssituationen

Szene 1:

Sie sitzen in einem Café. Seit 20 Minuten warten Sie auf Ihr Getränk. Doch der Kellner scheint lieber mit seinen Kollegen zu schwatzen, bewegt sich nur lustlos und ist außerdem etwas mürrisch. Endlich bringt er den Kaffee. Dabei schwappt etwas auf die Untertasse. »Na ja«, sagen Sie sich, »das war bei diesem Kellner auch nicht anders zu erwarten.«

Szene 2:

Sie sitzen im selben Café. Seit 20 Minuten warten Sie auf Ihren Kaffee. Doch der Kellner ist flink, hat immer ein nettes Wort und ein freundliches Lächeln. Sie sehen, dass er alle Hände voll zu tun hat und professionell und effektiv arbeitet. Jetzt kommt Ihr Kaffee. Und da passiert es doch, dass etwas auf die Untertasse schwappt. »Na ja«, denken Sie, »das kann doch jedem mal passieren« und verzeihen es ihm.

Häufig sagen Kundenberater, sie haben verärgerte Kunden, weil sie die Kundenwünsche nicht erfüllen können. Sicher, das sind die äußeren Anlässe. Ob und wie weit das äußere Geschehen vom Kunden als Gelegenheit genutzt wird, um sich aufzuregen und unzufrieden zu sein, das hängt oft vom Geschick des Kundenberaters ab. Normale Situationen kann jeder meistern. Erst in angespannten Situationen zeigt sich, wie die Servicequalitäten des Mitarbeiters sind, wie professionell und gekonnt er die schwierige Situation beherrscht.

In diesem Kapitel werden deshalb häufig auftretende Situationen beschrieben, die der Profi gekonnt meistern sollte, damit sie in kritischen Augenblicken nicht eskalieren.

Mehrere Kunden gleichzeitig

Die folgende Vorgehensweise im Umgang mit mehreren Kunden gleichzeitig funktioniert um so besser, je erfolgreicher Sie im Vorfeld eine gute Beziehung zum Kunden aufgebaut haben. In einer angespannten Situation oder im Gespräch mit einem verärgerten Kunden sollten Sie vorbeugen, um nicht gestört zu werden: Gehen Sie zum Beispiel mit dem Kunden in einen anderen Raum, oder klären Sie, dass jetzt keine Telefonate auf Ihren Apparat durchgestellt werden.

Covey (siehe Literaturverzeichnis) spricht in diesem Zusammenhang von einem Beziehungskonto. Menschen, die in Kontakt miteinander sind, nehmen ständig Auf- und Abbuchungen von diesem Beziehungskonto vor. Wenn Sie Kundenwünsche erfüllen können, kann Ihre Kommunikation leicht zur Streicheleinheit, einer Aufbuchung werden. Genauso können Ihre Worte für den Kunden zur kalten Dusche, einer Abbuchung werden, wenn Sie ihn enttäuschen müssen. Covey vergleicht ein Beziehungskonto direkt mit einem Girokonto: Hat Ihr Girokonto ein Guthaben von nur zehn Euro, und Sie wollen fünf Euro abheben, dann ist das zwar noch möglich, aber spätestens wenn die nächsten Kontoführungsgebühren abgebucht werden, wird es eng. Bei einem Guthaben von hunderttausend Euro stellt eine Fünf-Euro-Abhebung hingegen kein Problem dar. Jede Unterbrechung Ihres Kundengesprächs wegen eines anderen Kunden ist eine Abhebung. Inwieweit eine solche Abhebung zu einer problematischen Situation führen kann, hängt also davon ab, wie hoch Ihr Beziehungsguthaben ist. Da ständig kleinere oder gar größere Abhebungen vom Beziehungskonto erforderlich sind, sollten Sie im Vorfeld eine möglichst gute Beziehung aufgebaut haben.

Stellen Sie sich folgende Situation vor: Ein Kunde ist persönlich bei Ihnen, und plötzlich klingelt das Telefon.

Sie sollten das Gespräch annehmen, denn sonst denkt der anwesende Kunde: »Wenn du demnächst hier anrufst, geht auch keiner an den Apparat.«

Fragen Sie aber den Kunden, der persönlich da ist: »Gestatten Sie, dass ich kurz ans Telefon gehe?« Das ist eine Streicheleinheit (Sie haben den Kunden gefragt), verbunden mit einer kleinen Abhebung (Sie unterbrechen kurz das Gespräch).

Jetzt nehmen Sie das Telefongespräch an. Entweder es geht wirklich schnell, dann erledigen Sie es. Oder Sie merken nach den ersten Sätzen, dass es doch länger dauern könnte. Dann sagen Sie dem Anrufer: »Herr Wagenknecht, ich habe gerade ein Gespräch mit einem anderen Kunden. Ich möchte mich Ihrer Sache auch in Ruhe widmen. Ist es Ihnen recht, wenn ich Sie in einer halben Stunde wieder anrufe?« Vereinbaren Sie einen Telefontermin, und halten Sie ihn auch ein.

Wenn Sie jetzt zu Ihrem ersten Gesprächspartner zurückkehren, dann danken Sie ihm für seine Geduld, denn es war seine Zeit, die Sie beansprucht haben. Mit diesem »Danke« gleichen Sie die Abbuchung wieder aus.

Allerdings sollten Sie vermeiden, dass während Ihres Kundengesprächs ständig Ihr Telefon klingelt. Legen Sie jedoch nicht den Hörer daneben. Das schafft nur neue Probleme, weil Kunden zornig werden, wenn sie ständig ein Besetztzeichen hören. Eine Lösung kann sein, dass in solchen Zeiten der Überbelastung alle Mitarbeiter vom Vorstand bis zum Buchhalter die Aufgabe haben, ans Telefon zu gehen. Technisch ist das durch eine Rufumleitung möglich. Der Kunde ist schließlich das Ziel der Arbeit Ihres gesamten Unternehmens. Und es tut mitunter auch anderen Mitarbeitern gut, das Ohr am Kunden zu haben.

Information für einen Kollegen entgegennehmen

Vielleicht haben Sie die Situation auch schon erlebt: Sie rufen an. Man sagt Ihnen: »Wir rufen zurück.« Und Sie warten heute noch auf den Rückruf.

Welchen Eindruck haben Sie von diesem Unternehmen? Wie zuverlässig wirkt ein Unternehmen hingegen, wenn ein Mitarbeiter Ihnen zusichert, zu einem bestimmten Termin zurückzurufen, und der Rückruf auch im vereinbarten Zeitrahmen bei Ihnen stattfindet.

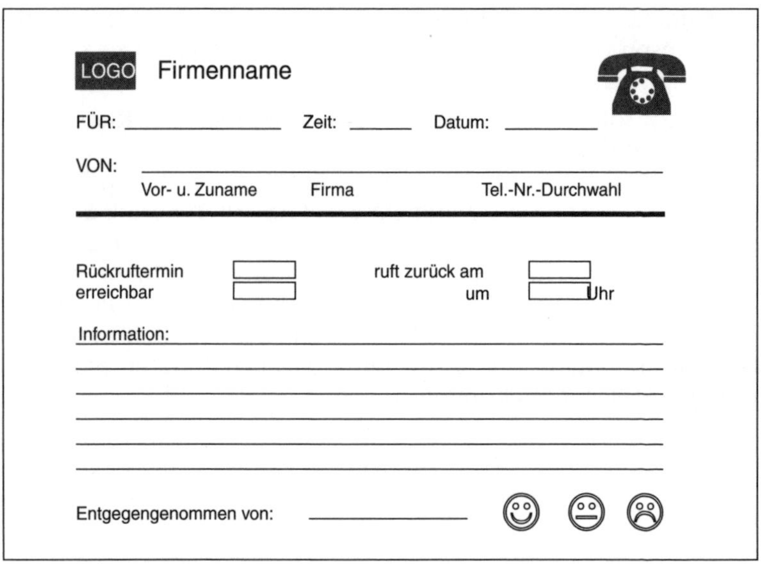

LOGO Firmenname

FÜR: ______ Zeit: ______ Datum: ______

VON: ______

Vor- u. Zuname Firma Tel.-Nr.-Durchwahl

Rückruftermin ☐ ruft zurück am ☐

erreichbar ☐ um ☐ Uhr

Information: ______

Entgegengenommen von: ______

Abbildung 9: Telefonnotiz

Mitunter erfolgen Rückrufe nur deshalb nicht, weil Informationen für den Kollegen nicht vollständig entgegengenommen wurden.

Zum Entgegennehmen einer Nachricht eignen sich Vordrucke, weil Sie sie bereits während des Gesprächs ausfüllen können und die einzelnen Punkte Sie daran erinnern, alle relevanten Daten aufzunehmen.

Eine vollständige Information, zum Beispiel eine Telefonnotiz, sollte folgende Punkte enthalten:

- Wer hat wann angerufen? Lassen Sie sich die vollständige Telefonnummer geben. Mitunter ersparen Sie Ihrem Kollegen langes Suchen.
- Für wen ist die Nachricht? Wie schnell weht ein Luftzug den Zettel vom Schreibtisch!
- Falls Sie über das Zeitbudget Ihres Kollegen verfügen können, vereinbaren Sie einen Rückruftermin. Ansonsten notieren Sie, wann der Anrufer erreichbar ist oder wann er noch einmal anruft.
- Worum geht es bei dem Anruf? Ihr Kollege kann sich vorbereiten und eventuell nötige Unterlagen bereitlegen. Das Gespräch geht dann schneller.
- Geben Sie Ihr Kürzel an, damit Ihr Kollege sich bei eventuellen Rückfragen an Sie wenden kann.
- Notieren Sie auch, ob der Anrufer eventuell verärgert ist. Der Kollege kann sich dann darauf einstellen.

Kunden weiterleiten

Ob am Telefon oder im persönlichen Kontakt: Seien Sie der erste und letzte Ansprechpartner.

Stellen Sie sich vor, Sie wollen einen Vortrag vor einer größeren Gruppe halten. Rechtzeitig vor Beginn sind Sie im Tagungsraum des Hotels. Sie probieren die Verdunkelung aus und finden anschließend nicht den Knopf, um die Verdunklung wieder aufzuheben. Außerdem fehlen Ihnen Flipchartstifte. Sie gehen also ins Foyer, um jemanden vom Hotel um Hilfe zu bitten. Ein Hoteltechniker im Overall begegnet Ihnen, und Sie schildern ihm Ihre beiden Probleme. Er erklärt Ihnen, wie Sie die Verdunklung wieder aufmachen. Sie gehen, um es auszuprobieren, und noch während die Verdunklung hochrollt, kommt der Techniker und bringt Ihnen die Flipchartstifte.

Grundsatz in diesem Hotel ist: Jeder Mitarbeiter, der von einem Kunden angesprochen wird, ist für diesen zuständig, bis die Situation für den Kunden geklärt ist oder an einen kompetenten Kollegen übergeben wurde.

Wenn Sie Ihren Kunden dennoch weiterleiten müssen, dann begleiten Sie ihn, bis er seinen richtigen Ansprechpartner gefunden hat. Achten Sie darauf, dass der Kunde sich in den Wirren Ihres Unternehmens nicht verirrt.

Wenn Sie am Telefon feststellen, dass Sie der falsche Ansprechpartner sind: »Das macht Frau Müller. Frau Müller hat die Durchwahl 217. Darf ich Sie gleich einmal mit Frau Müller verbinden?« Warten Sie die Antwort auf Ihre Frage ab: »Ja«. Jetzt erst schalten Sie den Kunden auf »warten« und rufen Frau Müller an: »Hier ist der Kunde Krause. Er hat folgendes Problem ... Ist er damit bei Ihnen richtig?« »Ja!« »Übernehmen Sie?« Warten Sie das »Ja« ab. Dann können Sie aus der Leitung gehen.

Sollte Frau Müller nicht der richtige Ansprechpartner sein, dann kehren Sie zum Anrufer zurück und kümmern sich darum, den richtigen Ansprechpartner zu finden: »Herr Krause, Frau Müller ist nicht der richtige Ansprechpartner. Sie gab mir einen Tipp, wer dafür zuständig ist. Wollen Sie nochmal warten, oder ist es Ihnen lieber, wenn ich mich erst einmal darum kümmere und dann in ungefähr zehn Minuten die Verbindung zu Ihnen wieder herstelle?«

Wenn der Kunde schließlich den richtigen Ansprechpartner erreicht hat, muss er sein Problem nicht mehr neu erzählen, denn wenn der Ansprechpartner das Gespräch übernimmt, kann er sich gleich so melden: »Guten Tag, Herr Krause, mein Name ist Franz Lohr von der Reklamationsabteilung. Wie ich höre, gibt es da ein Problem mit einer Ihrer Kühltruhen ...«

Der Kunde spricht eine andere Sprache

Sie brauchen nicht lauter zu werden, wenn es Verständigungsschwierigkeiten gibt. Der Kunde ist nicht schwerhörig. Auch eine Verstümmlung der deutschen Sprache trägt weder zum besseren Verständnis bei, noch hilft sie ausländischen Mitbürgern, die deutsche Sprache besser zu lernen : »Du suchen Rathaus? Du müssen gehen links.«

Was Sie tun können, wenn Sie des Öfteren mit Gesprächspartnern verhandeln, deren Sprache Sie nicht beherrschen und die nur gebrochen Deutsch sprechen:

Bringen Sie in Erfahrung, wer in Ihrer Umgebung andere Sprachen spricht. Vielleicht hat Herr Weber vom Versand eine Tante in Spanien und spricht ein paar Worte Spanisch. Wenn Ihnen das, was Ihr Kunde zu Ihnen sagt, nur noch Spanisch vorkommt, dann ist es besser, Sie holen Herrn Weber zur Hilfe. Auch wenn es eigentlich nicht Herrn Webers Aufgabe ist. Sinn, Zweck und Ziel Ihres Unternehmens ist der Kunde. Auch Herr Weber bezieht ein Einkommen. Und das bekommt er letztendlich vom Kunden.

Eine weitere Hilfe ist: Sprechen Sie langsam, und artikulieren Sie gut. Sprechen Sie in kurzen, klaren Sätzen. Vermeiden Sie Schachtelsätze. Viele Worte sind international verständlich.

Machen Sie Skizzen. Malen Sie Bilder. Ein Bild sagt mehr als tausend Worte. Schreiben Sie Zahlen auf.

Geben Sie dem Kunden das Ergebnis Ihres Gesprächs noch einmal schriftlich. Was man mit Hilfe eines Wörterbuchs nachlesen kann, erschließt sich mitunter eher als das nur Gehörte.

Hartnäckige Kunden

Es gibt den Kunden, der jeden Tag bei Ihnen an ruft , um zu erfahren, ob seine Angelegenheit nun endlich geklärt sei. Schon fünfmal haben Sie versucht, ihn zu beruhigen. Trotzdem ruft er wieder und wieder an.

Mancher Kundenberater sagt dann zu seinem Kollegen, wenn das Telefon klingelt: »Geh du ran! Wenn es der Krause ist: Ich bin nicht da.«

Das Problem wird dadurch nicht gelöst, sondern höchstens vertagt, weil der Kunde entweder in einer Stunde wieder anruft oder resigniert und es Ihnen bei passender Gelegenheit auf seine Weise heimzuzahlen versucht.

Der Kunde hat das Gefühl, Druck machen zu müssen, damit sich etwas bewegt. Dieses Gefühl sollten Sie ihm nehmen und durch ein anderes ersetzen: »Du brauchst dich um nichts zu kümmern, man engagiert sich, man kümmert sich um dich.«

Statt also auf seinen Anruf zu reagieren, sollten Sie vorher agieren. Kommen Sie seinem Anruf zuvor. Rufen Sie ihn an, bevor er anruft. Halten Sie ihn mit Informationen auf dem Laufenden: »Das und das ist inzwischen erledigt, bei der Sache warte ich auf die Zuarbeit. Die ist mir für morgen versprochen. Und dies dauert noch eine Woche, da bin ich aber für Sie dran. Ist es Ihnen recht, wenn ich Sie am kommenden Mittwoch um 13 Uhr wieder anrufe?« Damit wird er einverstanden sein. Er merkt, dass die Sache läuft, ohne dass er Druck ausüben muss. Jetzt haben Sie bis zum nächsten Mittwoch Ruhe. Allerdings sollten Sie Ihre Zuverlässigkeit beweisen und ihn am Mittwoch pünktlich anrufen, selbst wenn Sie ihm nur einen Zwischenbescheid geben können.

Sie werden feststellen: Oft ist das Problem gar nicht die Zeit, die der Vorgang beansprucht, sondern der Eindruck des Kunden, dass der Mitarbeiter sich nicht darum kümmert.

Begrüßung am Telefon

So, wie der Anrufer Sie am Telefon erlebt, so urteilt er häufig über Ihr Unternehmen. Da es für den ersten Eindruck keine zweite Chance gibt und weil der erste Eindruck so entscheidend ist, lohnt sich eine besonders gute Begrüßung am Telefon.

Vier Elemente sollte die Begrüßung enthalten:

Grußformel Die Grußformel (»Herzlich willkommen« oder zumindest »Guten Tag«) sollte am Anfang stehen. Der Kunde hat die Telefonnummer gewählt und freut sich über das Rufzeichen. Da nicht besetzt ist, ist das sein erstes Erfolgserlebnis. Gönnen Sie es ihm, aber möglichst nicht häufiger als dreimal. Sonst wird die Freude schnell zum Frust. Wenn Sie sich jetzt melden, werden die ersten zwei Silben, wenn überhaupt, dann nur schlecht verständlich sein. Er muss sein Ohr auf Ihre Stimme einstellen. Wenn die Grußformel nicht ganz verstanden wird, ist das das kleinere Übel, weil Sie die Begrüßung gleich noch einmal wiederholen werden.

Name Ihrer Firma Nennen Sie dann den Namen Ihrer Firma. Was bei einem Anschreiben das Logo auf dem Briefkopf ist, ist die Firmenbezeichnung am Telefon. Alle Mitarbeiter sollten daher die gleiche Bezeichnung benutzen. Vermeiden Sie dabei Abkürzungen.

Persönliche Vorstellung Jetzt stellen Sie sich persönlich vor: im ganzen Satz und mit Vor- und Zunamen. Idealerweise wiederholen Sie Ihren Nachnamen. Er wird dadurch besser verständlich.

Dann machen Sie eine Pause und lassen den Anrufer sprechen. Da Sie gerade Ihren Namen genannt haben, ist das für ihn die Aufforderung, auch seinen Namen zu nennen.

Persönliche Begrüßung

Nachdem er seinen Namen genannt hat, können Sie ihn noch einmal persönlich begrüßen und Ihre Handlungsbereitschaft bekunden. Ihre Wortwahl ist jetzt weniger wichtig. Im Klang Ihrer Stimme spürt der Kunde den Grad Ihres Engagements. Sie sprechen jetzt den Namen des Kunden aus. Das gibt Ihnen die Chance, ihn sich zu merken. Eventuell schreiben Sie sich seinen Namen auf, damit Sie ihn während des Gesprächs gezielt einsetzen können, zum Beispiel wenn Sie die Aufmerksamkeit des Kunden erlangen wollen, und um ihn auch namentlich verabschieden zu können. Sollten Sie den Namen des Kunden nicht verstanden haben, ist es bei der Gesprächseröffnung völlig legitim, nachzufragen. Der Kunde spürt dadurch, dass Sie sich um ihn als Mensch bemühen.

So könnte die Begrüßung ablaufen:

»Herzlich willkommen beim Junge Kommunikationstraining. Mein Name ist Junge, Martina Junge.« »Hier ist der Herr Kleinert.« »Guten Tag, Herr Kleinert. Was darf ich Ihnen Gutes tun?«

Das scheint geschwollen? Ist es auch. Bei so viel Freundlichkeit kann doch etwas nicht stimmen.

Vorläufig können Sie statt »herzlich willkommen« noch »guten Tag« sagen, und auf die Wiederholung des Nachnamens können Sie auch verzichten. Beim Dienst am Kunden gilt allerdings die Regel: was heute noch außergewöhnlich ist, ist morgen ganz normal. »Herzlich willkommen« und die Wiederholung des Nachnamens sind Möglichkeiten, sich auch morgen positiv von anderen abzuheben.

Anrufer filtern

Häufig stehen Sekretärinnen oder Assistenten vor der Frage, ob sie den Anrufer jetzt durchstellen sollen oder nicht.

Einerseits verlangt die Kundenorientierung, dass der Anrufer durchgestellt wird, andererseits ist es Ihre Aufgabe, Ihrem Chef den Rücken freizuhalten.

Damit Sie klar entscheiden können, müssen Sie also den Grund des Anrufs erfahren: »Sagen Sie mir bitte, worum geht es?« Kennen Sie den Grund, dann können Sie entscheiden.

Wenn er jedoch reagiert: »Das ist persönlich«, dann fragen Sie ihn höflich nach einem Stichwort: »Wenn es persönlich ist, dann geben Sie mir bitte ein Stichwort, damit ich mich besonders sorgfältig darum kümmern kann.« Wenn es wirklich persönlich ist, dann wird er Ihnen ein Stichwort geben, und Sie wissen, wie Sie sich verhalten sollen.

Sagt er aber: »Nun verbinden Sie mich schon!«, dann lassen Sie sich nicht einschüchtern: »Ich habe den Auftrag, jeden Anrufer nach seinem Anliegen zu fragen. Ich möchte Ihnen schnell helfen. Bitte arbeiten Sie mit mir zusammen.«

Ein seriöser Anrufer wird Ihnen kurz beschreiben können, worum es geht.

Wenn er Ihnen jetzt keinen Grund für seinen Anruf nennt, könnte es passieren, dass der Anrufer beleidigend wird. Ihre Strategie lautet dann: »Ich möchte Ihnen gerne helfen, aber verstehen Sie bitte, in dem Ton geht es nicht.« Hören die Beleidigungen nicht auf, dann: »Ich möchte Ihnen helfen. Doch wenn Sie weiter in diesem Ton mit mir reden, werde ich auflegen.« Setzt er seine Beleidigungen fort, dann sollten Sie auflegen. Machen Sie sich eine Notiz über den Verlauf des Gesprächs, damit Sie auch später noch wissen, wer was gesagt hat. Sprechen Sie vorher mit Ihrem Chef darüber, ob er diese Vorgehensweise unterstützt.

Erarbeiten Sie mit Ihrem Chef eine In- und Out-Liste der Personen, die Sie auf jeden Fall durchstellen sollen, die Sie nur unter bestimmten Bedingungen und die Sie auf keinen Fall durchstellen sollen.

Sollte Ihr Chef nicht da sein, dann sagen Sie es gleich: »Herr Hanisch ist zur Zeit nicht erreichbar. Worum geht es? Vielleicht kann ich Ihnen inzwischen weiterhelfen.« Wenn Sie erst den Grund für den Anruf erfragen, um dann mitzuteilen, dass der Gewünschte nicht erreichbar ist, dann kann es so wirken, als wäre er da und wolle sich nur davor drücken, den Anrufer zu sprechen.

Überblick

Mehrere Kunden gleichzeitig

- Gestatten Sie, dass ich kurz ans Telefon gehe?
- Danke

Information entgegen-nehmen

- Rückruf
- Erreichbarkeit
- Emotionen

Kunden weiterleiten

- Erster und letzter Ansprechpartner sein
- Mit Namen und Anliegen weiter-reichen

Fremde Sprache

- Hilfe holen
- Langsame, klar artikulierte, kurze Sätze
- Bilder benutzen
- Schriftlichkeit

Hartnäckige Kunden

- Agieren statt reagieren

Begrüßung am Telefon

- Willkommen heißen
- Firma vorstellen
- Namen, Vornamen nennen
- Namen des Kunden erfahren und aussprechen
- Handlungsbereitschaft signalisieren

Anrufer filtern

- »Ich habe den Auftrag, jeden Anrufer nach seinem Anliegen zu fragen. Bitte arbeiten Sie mit mir zusammen.«

Ihre persönlichen Ressourcen

Wieviel Stunden arbeiten Sie täglich? Woher nehmen Sie die Energie, um für jeden Kunden immer 100 Prozent Kraft zu haben? Schließlich hat jeder Kunde das gleiche Recht darauf, dass Sie sich ihm voll widmen: der erste Kunde am Morgen, der Ihre Anlaufschwierigkeiten nicht spüren soll, der, mit dem Sie kurz vor dem Mittagshunger Kontakt haben, der, der gern um halb drei am Nachmittag mit Ihnen spricht, zu einer Zeit, wenn nicht mal mehr der Kaffee hilft, der Kunde, der Ihre ganze Aufmerksamkeit fordert, wenn Sie sich innerlich noch über den vorherigen Kunden ärgern oder eine innerbetriebliche Auseinandersetzung Sie aufgewühlt hat und der letzte Kunde, so kurz vor Feierabend, wenn sich Ihre Gedanken schon um Privates drehen. Und das jeden Tag, über 200 Arbeitstage im Jahr, egal, ob Sie ausgeschlafen sind oder nicht, eventuell Ärger, private Sorgen haben oder ein gesundheitliches Problem Sie belastet.

Über die Größe Ihrer persönlichen Ressourcen entscheiden Ihre fachliche, Ihre soziale und Ihre emotionale Kompetenz.

Fachliche Kompetenz

Wie Sie aus Ihrer Position Kraft schöpfen

In Ihrer Position sollten Sie gewisse Kompetenzen haben, die es Ihnen ermöglichen, im Interesse des Kunden »Ja« sagen zu können. Ein »Nein« schafft keine Lösung eines Problems. Bei einem »Nein« bleibt alles so, wie es ist. Erst wenn jemand zu etwas »Ja« sagt, kann sich etwas verändern. Deshalb fühlt sich der Kunde bei einem »Nein« so ohnmächtig. Das Gefühl der Ohnmacht, also keine Macht über die Angelegenheit zu haben, löst in ihm eine Panik aus und lässt ihn unkontrolliert reagieren. So werden Kunden verärgert.

Sie haben das Recht, Verantwortung zu übernehmen, ein überschaubares Risiko einzugehen und Fehler zu machen.

»Zwei Seelen ruhen, ach, in meiner Brust«. Einerseits strebt der Mensch nach Sicherheit, aber andererseits ist ein Leben in Sicherheit langweilig. Erst die Dynamik von Erfolg, Niederlage und erneutem Versuch lässt uns spüren, dass Leben in uns ist.

Wir haben das Paradies verlassen, um es erneut zu suchen. Können Sie sich noch erinnern: Einst saßen die Menschen im Paradies, sie hatten den ganzen Tag nichts anderes zu tun, als auf Wolken zu schweben und Harfe zu spielen. Ihnen flogen die sprichwörtlichen gebratenen Tauben in den Mund, es gab keine menschlichen Konflikte, keinerlei Sorgen ... Und das dauerte nun schon die gesamte Ewigkeit. Es war so richtig langweilig. Bis einer auf die Idee kam und sagte: »So kann es nicht ewig weitergehen. Wir leben ja gar nicht. Wir wissen heute schon, dass es morgen wieder gebratene Tauben gibt, wir wissen, wie die Zukunft aussieht und dass wir auch in zehn Jahren noch Harfe spielen werden. Wie schön wären lauter Abenteuer, wenn wir heute noch gar nicht ahnten, wie wir das Morgen meistern würden. Das wären richtige Herausforderungen. Wie großartig muss doch das Gefühl sein, etwas selbst geschaffen zu haben, wovon man zuerst angenommen hat, es nicht schaffen zu können. Diesen Zustand wollen wir ab heute ›Leben‹ nennen. Wer mitkommen möchte: Ich habe hier einen Knopf, wer darauf drückt, ist augenblicklich im richtigen Leben voller Abenteuer, Überraschungen und riskanter Herausforderungen.« Und einer nach dem anderen hat auf diesen Knopf gedrückt und sich ins Abenteuer Leben gestürzt. Und nun gibt es schon wieder einige, denen dieses Abenteuer zu groß ist, sie sehnen sich nach dem paradiesischen Nichtstun. Eigentlich leben diese Menschen nicht mehr. Sie sind schon tot, nur sind sie noch nicht beerdigt.

»Alles fließt«, Ruhe ist nur eine Pause, gerade lang genug, um Luft zu holen für neue Abenteuer. Nichts ist mehr stabil und sicher. Alles verändert sich ständig. Nur eins ist sicher: die Veränderung. Das menschliche Streben nach Stabilität und Sicherheit ist nur eine Illusion.

Leben Sie aus der Mitte, zwischen den Polen. Übertreiben Sie keinen Pol, sonst erreichen Sie immer genau das, was Sie vermeiden wollten. Zu viel Medizin ist bekanntlich Gift. Eine gewisse Beunruhigung bei Fehlern ist wichtig, darf aber nicht in Angst oder gar Panik umschlagen. Denken Sie also nicht: »Um Gottes willen, wenn dir jetzt noch ein Fehler passiert, dann bist du draußen!« – So können Sie darauf warten, dass der Fehler passiert. Doch das, wovor wir fliehen, ziehen wir magisch an. Das Ergebnis bezeichnet man dann als Schicksalsschlag.

Schicksalsschläge führen Sie immer wieder auf Ihren Weg zurück. Aus den Krisen kann man lernen. Sie helfen einem, sich selber zu erkennen: Was steckt in mir? Was sind meine Stärken? Was will ich erreichen? Was sind meine Ziele? Wenn Sie das für sich akzeptieren, dann wollen Sie nichts mehr vermeiden, sondern etwas erreichen. Ihre Ziele ziehen Sie dann magisch an.

Hier liegt die eigentliche Crux: Die Menschen haben eine uralte Angst, dem unbekannten Ich zu vertrauen. Diese Angst wird seit ewigen Zeiten von den Mächtigen geschürt, indem sie Sicherheit versprechen. Der Preis, der für die scheinbare Sicherheit verlangt wird, ist Anpassung und Unterordnung unter die jeweilige Macht. Die Wirkung dieses ganz tief in uns sitzenden Mechanismus wird schon dann spürbar, wenn jemand dem so genannten Gruppendruck nachgibt, obwohl er eigentlich etwas anderes will. Anpassung ist einerseits für das Zusammenleben von Menschen notwendig, führt andererseits aber auch zur Selbstverleugnung. Wieder heißt es, aus der Mitte heraus keinen der beiden Pole zu überziehen. Durch zu viel Anpassung, also Selbstverleugnung, lebt der Mensch nur einen Teil seiner Möglichkeiten aus, eben den Teil, den andere ihm zugestehen. Das führt zu Unzufriedenheit über die bestehenden Verhältnisse und Zustände, zu Frustration, Konflikten, Problemen, Krankheit, Leiden und zu Schuldzuweisungen an die Mächtigen: die Eltern, die Lehrer, den Chef, die Gewerkschaften, die Politiker.

Menschen, denen diese Selbstverleugnung bewusst wird, haben drei Möglichkeiten gefunden, um ihr auszuweichen:

- Sie machen Krawall, demonstrieren, lehnen sich gegen die Mächtigen auf und schließen sich einem anderen Führer, einer neuen Macht an, die ihnen Sicherheit und die Lösung ihrer Probleme verspricht. Diese Lösung ist eine Selbsttäuschung. Sie werden zum Spielball des Rebellenführers, der opponierenden Partei oder Bewegung oder irgendeines Gurus.
- Sie stecken den Kopf in den Sand, finden Rechtfertigungen, suchen einen Schuldigen und resignieren.
- Sie wollen sich nicht mehr länger selbst verleugnen und gehen den Weg der Selbstverwirklichung.

Diese Menschen fangen an, über sich nachzudenken. Sie nehmen sich das Recht, autonom zu sein, sich ihre Sicherheit selbst zu schaffen, statt sie von der Gesellschaft zu erwarten. Das führt zu weniger Macht bei den Mächtigen, denn selbst Diktatoren haben erfahren müssen, dass sie sich Macht nicht nehmen können, sondern dass sie ihnen von ihren Untertanen gegeben wird. Wenn viele Menschen mehr Selbstbewusstsein entwickeln, mehr Selbstverantwortung übernehmen, der einzelne sich mehr Sicherheit schafft, statt einer illusionären Sicherheit durch die Mächtigen hinterherzujagen, dann kann das sogar ein Ansatz sein, den unlösbar scheinenden gesellschaftlichen Herausforderungen unserer heutigen Zeit gewachsen zu sein, die nach mehr Selbstverantwortung des Einzelnen rufen.

Gemeint ist damit nicht Anarchie, die nur der andere extreme Pol der Diktatur wäre. Gemeint ist, den Weg von einem ursprünglich abhängigen Menschen über die Unabhängigkeit zur Zusammenarbeit unabhängiger Menschen zu gehen.

Jeder, der mit diesem Weg seine uralten Ängste einmal überwunden hat, weiß, dass wirkliche Sicherheit nicht von außen kommt. Sicherheit kann jeder nur aus sich selbst schöpfen.

Wer mehr Selbstverantwortung, mehr überschaubares Risiko übernimmt, wird Fehler machen. Machen Sie gern Fehler? Ein Sprichwort sagt: »Aus Fehlern kann man lernen.« Interessanterweise wird »kann« formuliert anstelle von »Jeder Fehler hat eine Lehre eingebaut.« Sicher, es wäre vielen lieber, keine Fehler zu machen. Die beste Möglichkeit, schwerwiegende Fehler zu vermeiden, besteht darin, möglichst jeden Fehler zu machen, so lange er noch klein ist, ihn dankbar anzunehmen und als Signal zur Kurskorrektur zu betrachten. Das bedeutet, Bewährtes immer wieder in Frage zu stellen, Stabilität und Sicherheit gegen einen kontinuierlichen Prozess der Veränderung aufzugeben. Jemand hat einmal formuliert: Wenn eine Sache funktioniert, ist sie bereits überholt.

Menschen, die behaupten, keine Fehler zu machen, sind entweder tatsächlich langweilige »Götter«, oder sie tappen so blind durchs Leben, dass sie noch nicht einmal merken, dass sie Fehler machen.

Stellen Sie sich Folgendes vor: Sie haben leichte Zahnschmerzen. Vielleicht gehören Sie auch zu denen, die dann für sich formulieren: »Man müsste mal wieder zum Zahnarzt gehen.« Zehn Minuten später sind die Zahnschmerzen wieder weg und vergessen. Es vergehen acht Wochen. Da meldet sich der Zahn wieder. Eine Tablette hilft, den Schmerz zu unterdrücken. Es gibt Dringenderes (nicht unbedingt Wichtigeres) zu tun, als zum Zahnarzt zu gehen. So vergehen wieder vier Wochen. Diesmal meldet sich der Zahn am Freitag, und Sie nehmen sich vor: »Gleich am Montag holst du dir einen Zahnarzttermin.« Am Montag sind die Schmerzen natürlich weg, und der Alltag hat wieder anderes mit Ihnen vor. Irgendwann, ein halbes Jahr später, sind die Schmerzen so stark, dass Sie sofort zum Zahnarzt müssen. Der kann nur noch diagnostizieren: »Den Zahn muss ich Ihnen ziehen. Wenn Sie vor einigen Monaten gekommen wären, wäre es nur eine Kleinigkeit gewesen.«

Halten Sie darum die Augen offen, nehmen Sie konstruktive Kritik dankbar an, freuen Sie sich über jeden Fehler, den Sie machen dürfen, solange er klein ist. Das ist die beste Strategie, schwerwiegende Fehler zu vermeiden.

Wem Fehler auf das Selbstwertgefühl drücken, sei gesagt: Es gibt keine Fehler. Es gibt nur Resultate. Wer seine Resultate ändern will, sollte sein Denken und Handeln ändern. Erst anderes Denken führt zu anderen Überzeugungen. Andere Überzeugungen führen zu anderem Handeln. Anderes Handeln führt zu anderen Resultaten. Wie ein grundlegend neues Denken zu grundlegend neuen Resultaten führt, haben wir in der jüngsten Geschichte deutlich gespürt.

Wie Ihnen Ihr Fachwissen Kraft gibt

Wenn Sie kein Fachwissen besäßen, hätten Sie heute wohl kaum Ihre Position.

Die Zeiten, in denen ein junger Mensch einen Beruf gelernt hat, den er sein Leben lang ausüben konnte, sind vorbei. Schauen Sie sich einmal in Ihrer Umgebung um. Wer macht heute noch genau das, was er in seiner Lehre oder seinem Studium einmal gelernt hat. Für immer mehr Menschen wird es normal, im Laufe des Lebens neue Berufe zu erlernen. Vielleicht werden auch Sie in zehn oder 20 Jahren eine Tätigkeit ausüben, die es heute noch gar nicht gibt. Das bedeutet, dass lebenslanges Lernen angesagt ist.

Die Schule bereitet die junge Generation nicht immer effektiv darauf vor. Alle vier Jahre verdoppelt sich das gesamte Wissen der Menschheit. Die Schule lehrt heute noch dasselbe Wissen wie vor 30 Jahren. Ist seitdem so wenig Wissenswertes hinzugekommen? Oder hat die Schule sogar eine andere wichtigere Aufgabe zu erfüllen, nämlich menschliche Fähigkeiten zu entwickeln, zu lebenslangem Lernen zu motivieren und die Kunst des Lernens zu lehren?

Wie auch immer, eines bringt die Schule den jungen Menschen auf jeden Fall bei: Lernen ist anstrengend!

Suchen wir uns also Seminare und andere Weiterbildungsmöglichkeiten, wo Lernen Spaß macht. Denn wo immer uns Wissen fehlt, sollten wir uns ganz schnell darum bemühen. Ein Problem vieler Langzeitarbeitsloser ist nicht nur ihre nachlassende Motivation, sondern in vielen Fällen auch, dass sie ihr Wissen, ihre Fähigkeiten und Fertigkeiten nicht weiterentwickelt haben. Gute Chancen für die Zukunft hat derjenige, dem es gelingt, einen unstillbaren Wissensdurst und Hunger nach persönlichem Wachstum zu entwickeln.

Soziale Kompetenz

Wie Ihnen Ihre persönliche Ausstrahlung hilft

Jeder kennt »My fair Lady« oder »Pygmalion«. Pygmalion, jene Gestalt der griechischem Mythologie, die in Liebe entbrennt zu einer von ihr geschaffene Frauenstatue aus Elfenbein. Mit Aphrodites Hilfe wird dem Bildnis Leben eingehaucht. Der Pygmalion-Effekt der sich selbst verwirklichenden Prophezeiung wurde danach benannt.

Wie wurde dem Blumenmädchen Lisa Doolitle eine Persönlichkeit eingehaucht, von der andere sagten: »Das muss eine Königin sein«? Wohlgemerkt: nicht sie spielte sich zur Persönlichkeit auf, sondern die anderen erklärten sie zur Persönlichkeit. Welche Veränderungen waren mit ihr geschehen? Sie hat sprechen gelernt (»Die Sprache macht den Menschen, die Herkunft leider nicht.«). Sie hat laufen gelernt – ein Ausdruck für den Einsatz von Körpersprache. Darüber hinaus hat sie gelernt, sich zu geben, Begeisterung und Gefühle zu zeigen und sich für andere Menschen zu interessieren.

Begeisterung Welche Menschen sind uns sympathischer? Menschen, die ihre ehrliche Begeisterung für eine Sache, eine Tätigkeit, einen Menschen zeigen oder träge, teilnahmslose Menschen? Nur wer selber für sein Produkt brennt, kann auch im Kunden das Feuer der Begeisterung entfachen.

Gefühle zeigen Immer mehr nimmt die Erkenntnis zu, dass für den Erfolg eines Menschen sein EQ – sein emotionaler Quotient – wichtiger ist als sein IQ.

Wer anderen gut zuhören kann, wird oft als der bessere Gesprächspartner angesehen als der, der ständig von sich redet.

Interesse für andere Menschen

Welche Rolle Ihre Entscheidungsfreude spielt

Wir erwarten, dass unsere Kunden Entscheidungen treffen, zum Beispiel Kaufentscheidungen. Als Berater helfen Sie ihnen, die richtigen Entscheidungen zu treffen. Nun können Schüler von ihren Lehrern nur das lernen, was der Lehrer kann. Wie gut können Sie Entscheidungen treffen?

Kennen Sie diese oder eine ähnliche Situation: Ein Ehepaar will sich mit Freunden treffen. Die Frau steht vor dem geöffneten Kleiderschrank: »Was soll ich anziehen? Das gelbe oder lieber das blaue? Oder doch lieber das grüne? – Schatz hilf mir mal, was soll ich anziehen?« »Probier doch mal das rote.« »Meinst du?!« Sie probiert das rote: »Oder vielleicht doch lieber das helle?« ... Dabei wäre es doch so einfach, eine Entscheidung zu treffen. Stellen Sie sich vor, in dem Schrank hängen zehn Kleider. Dann ist es doch eigentlich fast egal, welches sie anzieht. Sie kann schlimmstenfalls die zweitbeste Entscheidung treffen. Schließlich hängen die zehn Kleider ja da, weil sie ihr alle gefallen. Wenn sie zu einem der Kleider nicht mehr stehen würden, hätte sie es doch längst ausrangiert. Aber auch diese Entscheidung wurde hinausgezögert mit der Begründung: »Man kann ja nie wissen.« Auf anderer Ebene wird analog formuliert, dass zur Zeit kein Entscheidungsbedarf besteht.

Sie können also Entscheidungsfreude trainieren, indem Sie sich einmal im Jahr von allen Kleidungsstücken trennen, die Sie ein

Jahr lang nicht angehabt haben. Dann fällt die Entscheidung zwischen den zehn Kleidern, die im Schrank hängen, viel leichter. Das, zu dem Sie nach zehn Sekunden greifen, kann schlimmstenfalls die zweitbeste Entscheidung sein.

Ein weiteres Übungsfeld, Entscheidungen zu treffen: Speisekarten in einem Restaurant.

Wenn es nur ein Essen gibt, zum Beispiel an einem Bratwurststand, fällt die Entscheidung leicht. Wenn man Hunger hat und Bratwurst mag, wird man sich eine holen. Es ist eine klare, einfache und schnelle Entscheidung.

Jetzt sitzen Sie aber in einem Restaurant und lesen die Speisekarte mit 30 Gerichten. Was essen Sie nun? Vielleicht fragen Sie den anderen: »Sag mal, was isst du? Hast du schon gewählt?« Die Entscheidung fällt schwerer als am Bratwurststand.

Folgendes können Sie in einer solchen Situation üben: Treffen Sie zunächst eine Grundsatzentscheidung nach dem Ausschlussprinzip, das hier heißen könnte: Fleisch, Fisch oder vegetarische Gerichte. Schon bleiben nur noch zehn Gerichte übrig. Wenn Sie sich zum Beispiel für vegetarisches Essen entschieden haben, dann suchen Sie sich ein zweites Auswahlkriterium, das zum Beispiel der Preis sein könnte, und tippen dann einfach auf eines der vegetarischen Gerichte in der entsprechenden Preisgruppe und bestellen es sich. Sie haben schlimmstenfalls die zweitbeste Entscheidung getroffen und etwas bekommen, was Sie noch gar nicht kennen. Das kann eine interessante Erfahrung werden, die positiv ausfallen muss, da Sie die entsprechenden Grundsatzentscheidungen getroffen haben.

Ein Kriterium für Entscheidungen sind Prioritäten. Welche Konsequenzen hat die Entscheidung? Wie wichtig ist Ihnen das Ergebnis der Entscheidung?

Wenn Sie in den alltäglichen Dingen üben, Entscheidungen zu treffen, werden Sie bald ein Gefühl für Entscheidungen entwickeln und auch größere Entscheidungen schneller und sicherer treffen. Natürlich sind nicht alle Entscheidungen die besten. Aber Sie haben doch zumindest in 80 Prozent der Fälle die beste Entscheidung getroffen und ansonsten eben die zweitbeste.

In der Managementlehre gilt das Pareto-Prinzip: »Wenn du 80 Prozent der nötigen Informationen hast, dann triff am ›point of no return‹ eine Entscheidung und diskutiere nicht mehr länger, es sei denn, es gibt gravierende neue Informationen, die die Entscheidung in Frage stellen. Jetzt steht das Tun im Vordergrund. Die restlichen 20 Prozent werden unterwegs geklärt.«

»Wer zu spät kommt, den bestraft das Leben.« Überlegen Sie, ob es wirklich Sinn macht, erst alle Informationen haben zu wollen, bevor Sie eine Entscheidung treffen. Nach dem Pareto-Prinzip bekommen wir 80 Prozent der Informationen, um Entscheidungen zu treffen, in nur 20 Prozent der Zeit beziehungsweise mit nur 20 Prozent Aufwand. Um die restlichen 20 Prozent der Informationen zu bekommen, sind 80 Prozent des gesamten Aufwands nötig.

Jeder, der nach Perfektion strebt, sollte sich immer wieder überlegen, ob die 80 Prozent nicht doch ausreichen. Einerseits war es für Microsoft sicherlich richtig, Windows95 nicht erst zu perfektionieren, sondern in einem bestimmten Entwicklungsstadium auf den Markt zu bringen. Andererseits ist das Finanzamt beim Ausfüllen Ihrer Steuererklärung mit 80 Prozent nicht zufrieden.

Emotionale Kompetenz

Wie Sie durch Selbstmanagement weniger Ärger und Stress erleben

Sie haben regen Kontakt zu Ihren Kunden. Es wird von Ihnen verlangt, dass Sie beim Umgang mit anderen Menschen über die nötige emotionale Kompetenz verfügen. Im Umgang mit anderen Menschen werden häufig Situationen erlebt, die negativ, als schwierig oder gar belastend empfunden werden. Doch auch belastende Situationen können so in den Gefühlshaushalt integriert werden, dass Ihre Reaktionen darauf zielführend sind.

Wenn Gefühle überkochen

Stellen Sie sich vor, K. baut Häuser, um sie dann zu verkaufen. Ein Kunde M. hat ihm den Kauf eines Hauses zugesagt unter der Voraussetzung, dass bestimmte bauliche Veränderungen vorgenommen werden. K. lässt einen Architekten kommen, holt die erforderlichen Genehmigungen ein, leistet Investitionen, verwendet viel Zeit und verbaut Material ... Und als alles so weit ist, dass der Vertrag abgeschlossen werden kann, sagt M., dass er seine Pläne geändert hat und vom Kauf Abstand nimmt.

Welche Gefühle würden nach M.s unerwarteter Absage in K. entstehen? Gleichgültigkeit? Ruhe und Gelassenheit? Irritation? Frustration? Ärger? Wut? Zorn? Hass? Wie wird K. mit diesen Gefühlen umgehen? Wie wird er reagieren?

Sollte Ihre Antwort im Bereich Wut, Zorn oder gar Hass liegen, dann sind die folgenden Gedanken für Sie von Bedeutung:

Müssen wir über die Grausamkeiten des Alltags überhaupt in Wut und Zorn geraten? Zorn- und Wutgefühle führen – vor allem, wenn sie ständig auftreten – zu einem gestörten Verhältnis zur

Umwelt. Die Wut verselbständigt sich, die Objekte Ihrer Wut haben mitunter gar nichts mit Ihrer problematischen Situation zu tun. Und selbst wenn das eigentliche Problem gelöst ist, bleibt die Wut, die sich unter Umständen inzwischen gegen jemand ganz anderen richtet, bestehen. Sogar auf tote Gegenstände können wir wütend sein: wir fluchen über den Computer oder schlagen auf den Getränkeautomaten ein.

Ärger und Stress – der Krieg, der im Kopf stattfindet

Im Alltagsdenken machen Menschen gewöhnlich irgendwelche Umstände oder andere Menschen für ihre Befindlichkeit verantwortlich. Hören Sie mal hin, wie Menschen normalerweise formulieren. Da heißt es dann:

- »Der Chef macht mich wütend!«
- »Der Kunde verletzt meine Gefühle!« (Mitunter ist die Ausdrucksweise entschieden drastischer.)
- »Die Situation macht mich nervös!«
- »Das macht mir Angst!«

Es scheint, als seien die Situationen oder die Ereignisse, in denen man sich befindet oder die man erlebt, für das jeweilige Empfinden verantwortlich. Sind es wirklich die Kunden, die Ihre Gefühle verletzen, macht der Chef Sie wütend oder die Situation Sie nervös?

Tatsächlich ist aber zwischen einem aktivierenden Ereignis und dem Gefühl, das sich einstellt, eine vermittelnde Instanz aktiv, die Bewertungen. Diese Bewertungen, die aus tief verwurzelten Glaubenssätzen, Einstellungen und Werten resultieren, sind es, die dem Menschen das Leben schwer machen, weniger die äußeren Ereignisse.

Richtiger wäre also zu formulieren:

- »Meine Wertungen über das Verhalten des Chefs machen mich wütend.«
- »Ich erwarte, dass Kunden sich mir gegenüber fair und rücksichtsvoll verhalten. Der Kunde hat diese Erwartungshaltung

nicht erfüllt. Darüber bin ich moralisch entrüstet. Und darum bin ich jetzt gekränkt.«

- »Ich mache mich dadurch nervös, wie ich über die Situation denke.«
- »Die Vorstellung, was alles passieren könnte, macht mir Angst.«

Die wenigsten Fallen werden durch unsere Umwelt gestellt. Aber die meisten Menschen glauben, dass die anderen es sind, die sie aufregen, dass es die äußeren Umstände sind. Sicher, das ist normales Alltagsdenken.

Manche Menschen haben tatsächlich den Zwang, *normal* sein zu müssen. Sie leiden unter einer Normalpathie. Sie haben aber durchaus das Recht *ab-normal* zu sein, wenn Sie erkannt haben, dass Sie für Ihren Ärger selbst verantwortlich sind.

Wenn wir uns selbst den Ärger und Stress machen, dann sind auch wir es, die ihn weg-machen können.

Unser Autopilot

Um zu verstehen, was da in uns wirklich abläuft, lassen Sie uns einen kurzen Ausflug in unser Gehirn machen:

Auf dem Weg von der Außenwelt zur bewussten Wahrnehmung wird jede Information bewertet und entsprechend emotional eingefärbt. Emotionen aber sind direkte Handlungsanweisungen an das Gehirn. Wir reagieren also noch bevor das Denk-Hirn begriffen hat, was eigentlich los ist. Aus Ärger- oder Stresssituationen kennen wir den Effekt: Hinterher fällt unserem Denk-Hirn ein, was wir hätten klüger sagen sollen, wie wir besser hätten reagieren sollen. Diese handlungsauslösende Bewertung wird vom limbischen System, dem Sitz der Gefühle, vorgenommen.

Dieser Mechanismus ist unser »Autopilot«, der uns mit seinen Programmen durch das Leben steuert. Der Autopilot ist mit den Erfahrungen der Vergangenheit programmiert. Dieser Mechanismus entlastet unser Denk-Hirn, er ist überlebensnotwendig und funktioniert zuverlässig ein Leben lang. Das Denk-Hirn, das ein schlechtes Merk-Hirn ist, wäre damit überlastet. Es hat die Aufgabe, kreativ zu sein und neue Zusammenhänge herzustellen. Und dazu hat es die Routinearbeiten an seinen zuverlässigsten Mitarbeiter, den Autopiloten, delegiert. Er entlastet das Denk-Hirn. Wenn Sie zum Beispiel in Ihr Auto steigen, dann übernimmt der innere Autopilot die Routinetätigkeiten: Zündschlüssel ins Zündschloss, starten, kuppeln, Gas geben, anfahren ... Ihr Denk-Hirn muss sich damit nicht mehr belasten. Es kann inzwischen mit Ihrem Beifahrer Neuigkeiten austauschen. Die Routinehandlungen geschehen automatisch und zuverlässig. Und das ist gut so. Sollten Sie erstmals in ein Land mit Linksverkehr kommen, dort in ein Auto steigen und losfahren wollen, dann werden Sie zu Ihrem Beifahrer sagen: »Ich muss mich jetzt aufs Fahren konzentrieren. Wir reden nachher weiter.« Und Ihr Denk-Hirn wird jetzt – wie früher in der Fahrschule – die Aufgabe des Autofahrens übernehmen, denn für Linksverkehr hat Ihr Autopilot noch keine Erfahrungen aus der Vergangenheit.

Der Autopilot ist wie ein kleines Kind, hat die besten Absichten und baut mitunter regelrechten Mist.

Stellen Sie sich vor, Sie und ich, wir würden irgendwo in freier Natur übernachten. Wir würden uns ein Feuer machen und unser Abendessen über dem Feuer bereiten. Plötzlich sage ich zu Ihnen: »Du, hinter dir ist eine Schlange.«

Das sind nur Worte. Diese Information hat zuerst wer? – Ihr Autopilot. Noch bevor Ihr Verstand davon erfährt, wird die Information vom Autopiloten gedeutet. Und wenn der Autopilot denkt,

1. Herr Junge belügt mich nicht,
2. Schlangen sind gefährlich,
3. mein Leben ist in Gefahr,

löst er logischerweise augenblicklich das Gefühl der Angst aus. Und messerscharf begründet er für das Denk-Hirn eine Handlungsanweisung: »Ich bin doch nicht blöd. Ich habe gelernt.« – So fängt die Argumentation des Autopiloten für gewöhnlich an. »Ich würde doch hier nicht sitzen und Angst haben, wenn da keine Schlange wäre. Das wäre auch zu blöd, Angst zu haben, obwohl da keine Schlange ist. Also muss, weil ich Angst habe, da hinten eine Schlange sein.« Und noch bevor Ihr Denk-Hirn darüber nachdenken kann, hat Sie Ihr Autopilot aufspringen und ein paar Meter weggelaufen lassen. Sie hatten die Deutung Ihres Autopiloten und das daraus resultierende Gefühl dazu benutzt, um sich zu beweisen, dass hinter Ihnen eine Schlange ist. Woher kommt aber das Gefühl der Angst? Von der Schlange? – *Nein!* – Von meinen Worten? – *Nein!* – Es kommt vom Autopiloten.

Und jetzt stellen Sie sich die gleiche Situation noch einmal vor, ich sage zu Ihnen: »Du, hinter Dir ist eine Schlange.«

Wenn Ihr Autopilot jetzt denkt:

1. Herr Junge scherzt schon den ganzen Tag mit mir,
2. er macht wieder einen Scherz,
3. diesmal gehe ich ihm nicht auf den Leim,

löst er logischerweise automatisch das Gefühl der Belustigung aus und gibt so die Handlungsanweisung: »Ich bin doch nicht blöd. Ich habe gelernt. Ich würde doch hier nicht sitzen und belustigt sein, wenn da eine gefährliche Schlange wäre. Das wäre auch zu blöd, belustigt zu sein, obwohl da eine Schlange ist. Also muss, weil ich belustigt bin, da hinten keine Schlange sein.« Ihr Autopilot wird Sie lachen lassen. Sie bleiben sitzen und drehen sich nicht einmal um, denn dann wären Sie ja auf meinen Scherz reingefallen.

Manchmal erzählt uns der Autopilot also richtigen Mist. Und daraus resultieren Mist-Gefühle. Unser Verhalten ist ein Mist-Verhalten. Sie, ich, keiner von uns ist total frei von diesem Mist. Darum sollten wir öfter unsere Gefühle als Signale benutzen, um zu überprüfen, ob uns der Autopilot gerade Mist erzählt.

Glaubenssätze bestimmen unser Verhalten

Von welchen Wertvorstellungen beziehungsweise Glaubenssätzen geht unser Autopilot bei der Bewertung einer Information aus? Er hat viele und wiederum viele davon lösen auch hilfreiche und zielführende Emotionen und Handlungsimpulse aus.

Wann immer Sie aber in emotionale Schwierigkeiten kommen, können Sie davon ausgehen, dass einer der vier folgenden durchaus berechtigten Glaubenssätze von Ihrem Autopiloten zu einer absolutistischen Forderung gesteigert worden ist. Solche Forderungen richten sich:

- an sich selbst (self-demands): »Ich *muss* perfekt sein und die Anerkennung mir wichtiger Mitmenschen gewinnen!«
- an andere (other-demands): »Mir wichtige Menschen *müssen* mich freundlich, rücksichtsvoll und fair behandeln!« und
- an die Welt (world-demands): »Die Bedingungen, unter denen ich lebe, *müssen* günstig, sicher, frei von Mühsal sowie rasch zu genießen sein!«

Wenn diese absolutistischen Forderungen nicht erfüllt werden, entstehen unangemessene Gefühle, die wiederum Auslöser unangemessener Handlungen sind. Jene Gefühle werden bestimmt durch:

- Katastrophengedanken (»Wenn das, was ich fordere, nicht ist, dann ist das alles ganz furchtbar, schrecklich, grauenvoll, unmöglich ...«),
- den Gedanken, es so nicht länger ertragen zu können und die Kontrolle über die Dinge zu verlieren (niedrige Frustrationstoleranz), und
- eine globale Personenbe-(oder ab-)wertung (ewige Verdammnis spielen, Schuldige bestimmen).

Dem Menschen machen also weniger die äußeren und aktivierenden Ereignisse das Leben schwer. Das bedeutet: Menschen mit nicht zielführendem Verhalten haben ihre durchaus berechtigten Wünsche und Ideen in dogmatische Forderungen (hot cognition) verwandelt, die zum Beispiel beginnen mit:

- »Ich muss ...«
- »Andere müssen ...«
- »Es ist unbedingt notwendig ...«
- »Es darf nicht sein ...«.

Dieser Denkansatz geht auf Dr. Albert Ellis, dem Begründer der Rational-Emotiven Verhaltenstherapie REVT, zurück und schließt direkt an den Ausspruch Epiktets an: »Nicht die Dinge selbst beunruhigen die Menschen, sondern die Vorstellung von den Dingen.« Es bedarf also mitunter keiner Veränderung der äußeren Welt, sondern eher eines Wandels im Denken. Wer immer nur an den äußeren Umständen herumdoktert, löst damit nicht seine hausgemachten Probleme.

Glaubenssätze verändern

Also: wann immer Sie sich ärgern, sehen Sie bei sich selber nach, ob Sie gerade

- von sich selbst verlangen,
  - perfekt sein zu müssen,
  - die Anerkennung anderer erlangen zu müssen,
- von anderen verlangen, dass diese sich Ihnen gegenüber freundlich, rücksichtsvoll und fair verhalten,
- fordern, dass die Welt gerecht ist und Ihre Zielerreichung nicht übermäßig anstrengend ist.

Schauen Sie genau hin. Hinterfragen Sie Ihren Ärger:

- Was ist es, das mich so ärgert?
- Was genau stört mich daran?
- Warum stört es mich?
- Welche Normen wurden verletzt?
- Was ist daran so schlimm?

Verlassen Sie sich darauf: Sie werden eine der vier auf die konkrete Situation zugeschnittenen absolutistischen Forderungen finden, die gerade nicht erfüllt wurde.

Haben Sie den Anspruchsgedanken gefunden, dann schalten Sie von Ihrem Autopiloten auf Ihr Denk-Hirn um und gehen verstandesmäßig vor, indem Sie die Sinnhaftigkeit Ihrer Forderung durchdenken:

Selbstschädigende Idee Nr. 1: »Weil ich den Wunsch habe, kompetent und erfolgreich zu sein, muss ich bei allem, was ich tue, erfolgreich bzw. perfekt sein.«

Das Ergebnis dieser »muss-turbatorischen« Denk-Krankheit sind starke Gefühle der Angst und Panik und/oder zwanghaftes Überbesorgtsein, wenn im Leben etwas entgegen Ihren Forderungen läuft. Und wenn Sie nicht den Erfolg haben, den Sie glauben haben zu müssen, kommt es zu depressiven Stimmungen, Selbsthass und Schuldgefühlen. Es besteht die Gefahr, dass Sie resignieren, Herausforderungen aus dem Weg gehen und Ihre Lebensziele aufgeben.

Offensichtlich ist diese Überzeugung weder realistisch, noch entspricht sie den Tatsachen. Schon allein, weil Menschen fehlbar sind, haben sie kaum die Möglichkeit, immer kompetent zu sein. Es gibt keinen Hinweis darauf, dass Menschen perfekt sind. Im Gegenteil: unzählige Male beweisen Menschen täglich, dass sie nicht vollkommen sind. Wenn jemand immer kompetent handeln würde, wäre er gottähnlich. Das wäre eine Anmaßung. Wenn Sie an dieser Idee festhalten, werden Sie manchmal sehen, dass Sie nicht kompetent und erfolgreich sind.

BEISPIEL: »Ich muss diese Aufgabe unbedingt gut bewältigen!« Daraus schlussfolgern Sie »vernüftigerweise«: »Es ist entsetzlich, wenn ich bei dieser Aufgabe versage.« Gerade intelligente Menschen lassen sich auf solch ein Dramatisieren ein, weil sie den berechtigten Wunsch, etwas gut zu machen, zu einer absoluten Forderung erheben.

Das Ergebnis: wann immer Sie einen Fehler machen – und kein Mensch ist fehlerfrei –, fühlen Sie sich minderwertig. Ständiger Erfolgsdruck erzeugt Stress, der zu Magengeschwüren, Kopfschmerzen, Bluthochdruck, Herzstörungen mit allen bekannten Folgen führen kann. Außerdem sind Sie unzufrieden, weil Sie ständig Angst haben müssen zu versagen.

Den Druck nehmen Sie nicht dadurch aus sich heraus, indem Sie Erfolg als etwas negatives, nicht erstrebenswertes definieren. Das wäre nur eine Selbstverleugnung, denn eigentlich wären Sie ja gern erfolgreich. Den Druck nehmen Sie aus sich heraus, wenn Sie Ihren intensiven Wunsch so formulieren: »Ich möchte diese Aufgabe möglichst gut bewältigen. Ich werde mein Bestes geben. Wenn ich trotzdem versage, ist das in gewissem Maße unangenehm, aber nicht entsetzlich.«

Tatsächlich erreichen Sie optimale Leistungen weder durch eine Zwanghaftigkeit noch durch Gleichgültigkeit, sondern durch den intensiven Wunsch, es zu schaffen, verbunden mit der nötigen Gelassenheit.

Selbstschädigende Idee Nr. 2:
»Ich muss die Anerkennung und Wertschätzung der Menschen bekommen, die mir etwas bedeuten, sonst bin ich eine unzulängliche Person.«

Im Ergebnis führt dieser Gedanke zu Furcht vor Zurückweisung und Missbilligung durch andere. Es besteht die Gefahr, dass Sie sich in Abhängigkeit von Menschen begeben, die Ihnen die von Ihnen gesuchte Anerkennung geben. Das versetzt Sie außer Stande, selbstsicher zu fordern, was Sie wollen, oder Sie wagen es nicht, Ihre Wünsche in einer Beziehung zu äußern, aus Furcht, zurückgewiesen zu werden, wenn Sie Ihren eigenen Standpunkt vertreten.

Selbst wenn Sie immer kompetent handelten, müssten Sie nicht von allen geschätzt und anerkannt werden. Vielleicht wären viele neidisch auf Sie, würden Sie hassen und sogar versuchen, Ihnen Schaden zuzufügen. So sehr Sie auch um Anerkennung kämpfen, Sie können versagen. Das wird dazu führen, dass Sie anfangen, sich und die Welt zu hassen, weil die anderen Ihnen nicht geben, was Sie von ihnen erwarten, und Sie unfähig sind, es zu erreichen.

Nicht anerkannt zu werden ist keine Katastrophe, höchstens unbequem. Trotzdem können Sie das Leben lebenswert finden.

BEISPIEL: »Ich muss die Anerkennung der Menschen gewinnen, die mir etwas bedeuten und darf nicht abgewiesen werden.« »Vernünftigerweise« schlussfolgern Sie daraus: »Wenn ich abgelehnt werde, was nicht geschehen darf, bin ich sicher, mich falsch verhalten zu haben – sonst wäre es mir ja gelungen, die entsprechende Anerkennung zu bekommen – und deshalb bin ich ein unzulänglicher Mensch.« Im Ergebnis fühlen Sie sich schnell angegriffen.

Egal, was Sie auch tun: manche Menschen werden Sie schätzen und andere nicht. Sie tun gut daran, wenn Sie die Anerkennung durch andere zwar als angenehm empfinden, sie aber nicht notwendig brauchen. Selbstachtung stammt nicht von der Wertschätzung durch andere, sondern von der Wertschätzung der eigenen Lebensführung.

Selbstschädigende Idee Nr.3:
»Die Menschen, mit denen ich Kontakt habe, müssen mich fair und rücksichtsvoll behandeln und dürfen mich nicht übermäßig frustrieren; andernfalls sind sie verkommene Individuen, die es verdient hätten, dass man sie zur Verantwortung zieht, ernsthaft verurteilt, schwer bestraft und verdammt!«

Das Ergebnis sind zumeist starke Ärger-, Wut- und Zorngefühle, Eifersucht, Selbstmitleid, Rachsucht und emotionale Abhängigkeit.

Das führt im Verhalten zu Überreaktionen und ständigem Opponieren, was wiederum Auslöser für Aggressionen sein kann.

Offensichtlich ist diese Überzeugung weder realistisch, noch entspricht sie den Tatsachen, denn die meisten Menschen halten sich nicht an dieses ungeschriebene Gesetz und werden es auch künftig nicht tun. Deswegen sind sie noch lange nicht abgrundtief verdorben. Auch diese »verdorbenen« Individuen zeichnen sich »unbegreiflicherweise« oft durch gute Taten aus. Sicher sind auch Sie nicht immer rücksichtsvoll und fair zu allen Menschen.

Die selbstschädigende Idee beinhaltet, dass Menschen, die rücksichtslos und unfair zu mir sind, immer schwer bestraft werden müssen. Das geschieht aber in Wirklichkeit nicht.

Wenn Sie weiterhin an diesem Irrglauben festhalten, werden Sie viel Zeit, Energie und Nerven dafür verschwenden, über die Menschen nachzudenken, die Ihrer Meinung nach so gemein zu Ihnen waren. Sie werden sich mit anderen streiten, ohne sie zu überzeugen, werden aggressiv und rachsüchtig. Sie werden den anderen als unfair und aggressiv erscheinen. Sie werden selbst das Verhalten an den Tag legen, das Sie bei anderen so verabscheuenswürdig finden. Damit werden Sie häufig Ihre eigenen Interessen sabotieren, nämlich mit anderen freundschaftlich und fair zu diskutieren und zu tragbaren Kompromissen zu kommen.

Selbstschädigende Idee Nr. 4:
»Meine Lebensumstände müssen so sein, dass ich alles, was ich mir wünsche, schnell, leicht und angenehm erreiche; Schwierigkeiten und Hindernisse dürfen nicht auftreten! Sonst ist das Leben unerträglich und ich kann überhaupt nicht glücklich sein.«

Das Ergebnis sind Selbstmitleid, Depression, Apathie und geringe Frustrationstoleranz. Das führt automatisch zu sozialem Rückzugsverhalten, Vermeidungsstrategien, Passivität, Antriebsarmut und Entschlusslosigkeit. Ihr dogmatischer Befehl, dass Sie immer erreichen müssen, was Sie sich wünschen, ist illegitim und selbstzerstörerisch – weil das Universum Ihnen eindeutig nicht die Erfüllung Ihrer Herzenswünsche schuldet.

Mit dieser Einstellung werden Sie wahrscheinlich sehr oft außer Fassung geraten, da die Dinge in unserer perfekten Welt oft »falsch« laufen: Autos gehen kaputt, weil sie alt sind oder durch unperfekte Menschen schlecht hergestellt wurden. Das Wetter spielt nicht mit: es regnet an Ihrem freien Tag etc. Die anderen Menschen sind oft unhöflich, egoistisch, lieblos usw. In der Tat – Sie müssen häufig aus der Fassung geraten!

Also: je schneller Sie akzeptieren, dass unsere Welt und unsere Mitmenschen alles andere als perfekt sind, um so eher werden Sie sich weniger aus der Fassung bringen.

Die Dinge werden falsch laufen! Ihre Forderung, dass es so nicht sein sollte, wird Sie weder zufriedener machen, noch Ihnen helfen, sich auf die Probleme einzustellen, die auf Sie zukommen. Die Forderung, dass die Dinge anders laufen sollten, als sie es tun, hilft nicht, sich auf sie einzustellen, wie sie sind und entsprechend zu handeln. Mehr noch: es gibt keinerlei Anzeichen dafür, dass die Dinge anders sein müssten, als sie es eben sind – egal, wie unerfreulich oder unangenehm sie erscheinen.

Versuchen Sie, zunächst die Realität zu akzeptieren, um dann die Zukunft zu verbessern! Prüfen Sie, ob Sie nicht Frustrationen als Teil des Lebens begreifen können, als Herausforderungen, die einer Lösung harren.

Ein Leben ohne Sorgen und Mühen klingt für viele Menschen verlockend. Erfahrungen zeigen, dass Menschen nicht dann am zufriedensten sind, wenn sie nichts zu tun haben, sondern wenn Sie Ziele verfolgen und an ihrer Verwirklichung arbeiten.

Jedes Ausweichen vor den Herausforderungen des Lebens ist wie eine Ohrfeige, die Sie sich selbst geben.

Der Glaube, dass das Leben leichter ist, wenn Sie den Schwierigkeiten aus dem Weg gehen und angenehme Dinge zuerst tun, führt zu einem Aufschiebeverhalten. Aufschieben stellt aber nur eine augenblickliche Erleichterung dar. Dinge, die Sie auf die lange Bank schieben, werden dadurch nicht beseitigt, sie beschäftigen nur länger Ihre Gedankenwelt. Manchmal werden sie durch das Aufschieben noch unangenehmer, wenn Sie sie schließlich anpacken.

Die Erfolgsregel heißt: Unangenehmes zuerst. Dann können Sie zur Belohnung angenehme Dinge tun. Umgekehrt wird der Spaß an angenehmen Dingen häufig getrübt, weil noch das Unangenehme wartet.

Mitunter ist der scheinbar leichte Weg in Wirklichkeit der schwerere!

Gelassenheit statt Gleichgültigkeit und absolutistischem Fordern

Bedeutet das, wenn Sie Ihre Forderungen an sich selbst, an andere und an die Welt aufgeben, dass Sie dann die Dinge gleichgültig hinnehmen sollen? – Nein! Nicht im Schwarz-Weiß-Denken liegt die Wahrheit, weder in den absolutistischen Forderungen noch in der Gleichgültigkeit. Der effektivste Weg, mit den Dingen klarzukommen und etwas zu erreichen, liegt in

- der Gelassenheit, die Dinge hinzunehmen, die man nicht verändern kann,
- der Kraft, die Dinge zu ändern, die man ändern kann, und vor allem
- der Weisheit, das eine vom andern zu unterscheiden. (Frei nach Oettinger.)

Das Problem vieler Menschen besteht allerdings darin, zunächst hoch motiviert die ganze Welt verändern zu wollen (vor allem in ihrer Sturm-und-Drang-Periode mit achtzehn oder zwanzig Jahren), um dann festzustellen, dass die Welt nicht so ist, zu resignieren, den Dingen gegenüber gleichgültig zu werden und nur noch eigene Nabelschau zu betreiben: »Wie kriege ich mein eigenes Schäflein ins Trockene?«

Was hat das nun mit Ihrem gelegentlichen Ärger bei Kundenkontakten zu tun?

Praktisches Beispiel:

Kehren wir zu unserem gedanklichen Beispiel zurück: K. baut Häuser, um sie dann zu verkaufen. Ein Kunde M. hat ihm den Kauf eines Hauses zugesagt unter der Voraussetzung, dass bestimmte bauliche Veränderungen gemacht werden. K. lässt einen Architekten kommen, holt erforderliche Genehmigungen ein, leistet Investitionen, verwendet viel Zeit und verbaut Material ... Und als alles so weit ist, dass der Vertrag geschlossen werden kann, sagt M., dass er seine Pläne geändert habe und vom Kauf Abstand nimmt.

Sie merken es schon: Der Kunde M. verstößt gerade gegen die selbstschädigende Idee Nr. 2. Der Autopilot in K. formuliert: »Verdammt noch mal, das kann ja wohl nicht wahr sein! M. ist rücksichtslos und unfair. So hätte er sich nicht verhalten dürfen. Dass er sich doch so verhält, ist grauenvoll, unmöglich, geradezu unerträglich. Menschen, die sich so verhalten, sind es nicht wert, zuvorkommend behandelt zu werden. Sie verdienen, für ihr Fehlverhalten hart bestraft zu werden. Ich könnte den Kerl umbringen!« Die Formulierungen der inneren Stimme sind mitunter noch entschieden drastischer. Im Ergebnis dieser Formulierungen löst K.s Autopilot Emotion im Bereich »Ärger, Wut, Zorn« aus. An das Gehirn gibt er die Handlungsanweisung: »Zeig's ihm!« Glücklicherweise haben die meisten Menschen noch einen hemmenden Mechanismus, der verhindert, dass der Mordgedanke in die Tat umgesetzt wird. Als zivilisierte Menschen verfügen wir über subtilere Möglichkeiten, auf den anderen einzuschlagen. Der Volksmund weiß: »Selbst Blicke können töten.« Im Ergebnis wird sich K. ärgern und auf Rache sinnen.

K. wird Energie aufbringen, um sich mit M. zu zanken. So stellt K. seinen Autopiloten zufrieden, steuert aber nicht mit voller Kraft auf das eigentliches Ziel des Denk-Hirns zu. Wie war doch gleich sein ursprüngliches Ziel? K. wollte durch Bau und Verkauf von Häusern Geld verdienen. Je stärker aber Ärger, Wut und Zorn sind, desto weniger Energie wird auf das eigentliche Ziel gelenkt. K. konzentriert sich auf seine Rache.

K. könnte sich statt dessen von seiner selbstschädigenden Idee Nr. 2 trennen und sie von der absolutistischen Forderung in einen durchaus berechtigten Wunsch verwandeln:

»M. hat sich mir gegenüber unfair verhalten. Sein Verhalten ist sehr nachteilig für mich. Sein Verhalten hat mich enttäuscht, das heißt, ich hatte mich zuvor in seiner Fairness getäuscht. Aber so sind Menschen nun mal. Jetzt kann ich nur noch sehen, wie ich den mir entstandenen Schaden begrenze, indem ich das Objekt anderweitig verkaufe. Für die Zukunft werde ich mir überlegen, wie ich solchen Situationen besser vorbeugen kann, zum Beispiel, indem ich mich nicht auf mündliche Zusagen verlasse.«

Tatsächlich bringt es mitunter wenig, Verlorenem hinterherzulaufen. Besser ist es, aus den gemachten Erfahrungen für die Zukunft zu lernen und Neues anzusteuern.

Wenn Sie Ihre selbstschädigenden Ideen finden und sich immer wieder mit ihnen auseinandersetzen, wird Ihr Autopilot allmählich begreifen, denn er ist Ihr bester Freund und möchte Ihnen helfen, ein sinnerfülltes zielführendes Leben zu leben.

Sie haben es sicher schon bemerkt: Die eigenen selbstschädigenden Ideen aufzudecken und sich von ihnen zu befreien, führt zu einer Veränderung der Lebenshaltung.

In Seminaren höre ich an dieser Stelle von Teilnehmern: »Ja, so lebe ich schon.« Schön, wenn es so ist. Aus meiner Beobachtung habe ich jedoch daran Zweifel. Oft ist der Anspruch in Gleichgültigkeit umgeschlagen. Das ist zu verstehen, denn mit aller Gewalt zu fordern und nichts zu erreichen, macht auf Dauer krank, lässt verzweifeln. Psychisch gesünder ist es da schon, aufzugeben, sich nicht mehr heiß zu machen, die Dinge sein zu lassen, sich einfach nicht mehr aufzureiben ... Dann wird formuliert: »Das geht mir alles am ... vorbei.« Aber genau das ist nicht gemeint. Gemeint ist: Definieren Sie genau Ihre Ziele. Welches Denken, Fühlen und Handeln ist optimal, um Sie Ihren Zielen näher zu bringen, und welches Denken, Fühlen und Handeln blockiert Ihre eigentlichen Ziele? Zu viele Menschen laufen mit blockierten Zielen durch die Welt und sind gleichgültig geworden. Befreien Sie sich von Ihren selbstschädigenden Ideen und nähern Sie sich Ihren Zielen.

Wie Sie Ihre Stimmung im Griff haben

Stellen Sie sich vor, Sie haben alles bisher Beschriebene erreicht: Sie haben eine gute Position mit entsprechenden Kompetenzen, Sie scheuen das Risiko nicht und sind bereit, Verantwortung zu übernehmen. Sie haben das nötige Wissen und die Fähigkeit, es auch anzuwenden. Sie haben die entsprechende Persönlichkeit, um Ihre Ideen zu »verkaufen«, und Sie haben sich durch ein gutes Management Ihrer inneren Selbstgespräche eine optimale Einstellung geschaffen. Alles ist bestens, nur heute sind Sie nicht in der rechten Stimmung. Trotzdem haben Ihre Kunden das Recht auf 100 Prozent Ihrer Power.

Wie lässt sich die innere Stimmung beeinflussen?

Nach dem Prinzip »innen wie außen« lässt sich unsere innere Befindlichkeit durch äußerliche Veränderungen beeinflussen. Sie kennen den Mechanismus: Da hat jemand den ganzen Tag körperlich hart gearbeitet, ist schmutzig und verschwitzt, hat aber vor, am Abend ins Theater zu gehen. Was hilft: duschen und neu anziehen, und schon hat sich die Befindlichkeit verbessert.

Wenn Sie merken, dass Ihre Stimmung nicht optimal ist, dann nutzen Sie diesen Mechanismus, indem Sie Ihre innere Befindlichkeit durch äußere Veränderungen verbessern:

- Welchen Einfluss hat Ihre Kleidung auf Ihre Befindlichkeit, Ihre Körperhaltung? Was ziehen Sie an, wenn Sie gute Laune haben?

- Wie sitzen Sie da, wenn Sie voller Energie sind, wie ist dann Ihr Gesichtsausdruck?
- Wie ist in diesem Zustand Ihre Atmung?
- Nach welchen Speisen werden Sie müde, welche geben Ihnen Energie?
- Was können Sie tun, um sich körperlich fit und gesund zu halten?

Blicken Sie auf. Heben Sie Ihren Kopf über den Horizont. Lächeln Sie. Nehmen Sie bewusst mehr Schwung und Dynamik in Ihre Stimme. Sie werden nicht verhindern können, dass Ihre Stimmung sich verbessert.

Wir haben viel mehr Energie zur Verfügung, als wir annehmen. Vielleicht haben Sie das auch schon erlebt: Das Nachmittagsloch ist da, eine Situation, in der nichts mehr hilft. Und genau in diesem Augenblick erreicht Sie eine freudige Nachricht. Sofort sind Sie wieder hellwach und haben die Energie zur Verfügung, von der Sie noch vor Augenblicken glaubten, sie heute nicht mehr aufbringen zu können.

Die Energie ist also da, sie wartet nur darauf, abgerufen zu werden. Wir brauchen auch keine Angst zu haben, dass wir damit unsere natürlichen Grenzen überschreiten: Wir sind keine Pferde. Pferde laufen unter Umständen, bis sie tot umfallen.

Menschen haben natürliche Energiereserven: Übermüdet und am Ende unserer Kräfte – wie wir glauben – sind wir nachts mit dem Auto unterwegs. Da ist ein Unfall. Wir sind die ersten, die hinzukommen. Plötzlich haben wir wieder viel Energie, um uns um die Verletzten zu kümmern und Hilfe zu holen. Selbst bei der Weiterfahrt zwei Stunden später sind wir noch hellwach.

Nutzen Sie diese Energiereserven, genießen Sie die natürliche Erschöpfung in Verbindung mit dem schönen Gefühl, etwas geschafft zu haben, mit der Gewissheit, dass die Anstrengung sich gelohnt hat. Das führt zu tiefem und gesundem Schlaf. Genießen Sie das richtige Verhältnis von voller Verausgabung und totalem Loslassen. Gefährlich wird es dann, wenn es durch Chemie über die natürlichen Grenzen hinausgeht, wenn Sie morgens ein Mittel brauchen, um in Schwung zu kommen, und wenn Sie am Abend etwas zum Abschalten brauchen.

Überblick

Fachliche Kompetenz

Position

- Verantwortung übernehmen
- Kalkulierbare Risiken eingehen
- Bereitschaft zu Fehlern

Fachwissen

- Lebenslanges Lernen

Soziale Kompetenz

Persönlichkeit

- Äußere Erscheinung
- Rhetorik
- Sich begeistern können
- Gefühle zeigen
- Sich für andere Menschen interessieren

Entscheidungsfreude

- Pareto-Prinzip

Emotionale Kompetenz

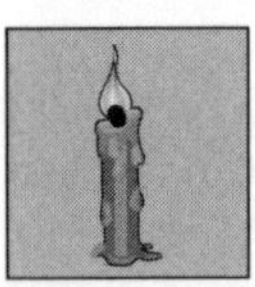

Selbst-Management

- Anspruchsdenken in intensive Wünsche verwandeln

Stimmungsmanagement

- Körperhaltung
- Mimik
- Atmung
- Stimme
- Gesundheit

»Amerikaner sind davon überzeugt, dass Kundennähe ihre Arbeitsplätze sichert und neue schafft, die Deutschen meinen, Arbeitsplatzbeschaffung sei Aufgabe der Politiker.«

(Serviceforscher Homburg, Wirtschaftswoche vom 17. 10. 1996, Seite 94)

Praxistransfer

Vielleicht haben Sie beim Lesen des Buches einige Male gesagt: »Weiß ich schon. Ist doch nichts Neues.«

Wenn Sie dann auch noch zu denen gehören, die stolz von sich behaupten können: »Das ist bei mir längst Praxis!« – dann herzlichen Glückwunsch! Dann sind Sie ein Mitarbeiter ohne schwierige Kunden oder arbeiten in einem Unternehmen, das dieses Phänomen kaum kennen dürfte. Falls das Verhalten eines Kunden doch einmal schwierig werden sollte, dann beherrschen Sie auch die kommunikativen Fähigkeiten, mit diesem Verhalten optimal umzugehen.

Tatsächlich sind viele Erkenntnisse über Charaktere und Typen schon über zwei Jahrtausende alt (zum Beispiel die Typenlehre von Hippokrates). Die moderne Gehirn- und Verhaltensforschung hat vieles präzisiert und verfeinert. Diese Erkenntnisse warten von Generation zu Generation immer wieder neu darauf, zum allgemeinen Handlungsgut der Menschheit zu werden.

Man muss es auch tun

Vielleicht haben Sie sich beim Lesen des Öfteren gefragt: »Wie soll ich mir das merken, woran die vielen Kundentypen zu erkennen sind und wie ich gekonnt mit ihnen umgehe? Wie soll ich das spontan in der konkreten Situation auch noch erkennen und anwenden?«

Tatsächlich ist unser Gehirn überfordert, wenn wir uns von all den Kundentypen alle Erkennungsmerkmale und die dazugehörigen Verhaltensmöglichkeiten sofort merken oder gar spontan zur Verfügung haben wollten.

Entsinnen Sie sich noch als Sie in der Fahrschule erstmals hinter dem Lenkrad saßen: Drei Pedale und nur zwei Füße! Beide Hände an das Lenkrad nehmen und dabei schalten! Blick nach vorn und auf das Tachometer sehen! ... Wenn nicht die vielen anderen Autofahrer schon den Beweis angetreten hätten, dass es geht, vielleicht hätten Sie es für unmöglich gehalten, alles gleichzeitig zu koordinieren. So, wie Sie in den ersten Fahrstunden eventuell den Motor abgewürgt haben, beim Anfahren bergan oder beim rückwärts Einparken geschwitzt haben, bis Sie es später routiniert konnten, so bedarf auch das Erkennen der Kundentypen und das reflexartige Reagieren der Übung – und am Anfang wird es noch etwas holprig sein.

Vielleicht haben Sie bei der Beschreibung der vier Grundtypen herausgefunden, welchem Typ Ihr eigenes Verhalten häufig entspricht, zu welchem Verhalten Sie mehr neigen. Sicher, eine gesunde Selbstbehauptung lässt uns von allen vier Typen etwas haben. Und trotzdem bevorzugen wir im Allgemeinen einen Typ, und ein anderer ist dagegen eher »unterentwickelt«. Das heißt, dass ein bestimmtes Verhalten mehr ausgeprägt ist und ein anderes weniger. Wenn Sie beispielsweise eher extrovertiert, sachlich sind und ein introvertiert emotionales Verhalten am wenigsten Ihrem Wesen entspricht, dann haben Sie wahrscheinlich auch eher Verständnis für extrovertierte, sachliche Kunden, die eben wissen, was sie wollen. Introvertierte, menschenorientierte Kunden scheinen Ihnen dann eher die Zeit zu stehlen. Und das kann Sie dann auch aus der Fassung bringen.

Und genau da ist auch Ihr möglicher Ansatzpunkt:

Widmen Sie sich dem Kundentyp, der Sie am meisten »nervt«. Suchen Sie Ihren eigenen Engpass, und lernen Sie zunächst, genau diesem Menschen gerecht zu werden. Dann haben Sie schon den größten Teil Ihrer »problematischen« Kunden im Griff. Nutzen Sie dazu die Hilfestellungen in diesem Buch, die Hinweise im Literaturverzeichnis und vor allem auch die Erfahrungen Ihrer Kollegen, für die es vielleicht ganz einfach ist, mit dem Kunden, der Ihnen »problematisch« erscheint, umzugehen. Auch Ihre Kollegen haben ihre Problemkunden, und vielleicht sind Sie gerade beim Umgang mit diesen Kunden Spitze.

Sollten Sie sich hingegen von unverhältnismäßig vielen schwierigen Kunden umgeben fühlen, dann kann es auch sein, dass Sie der schwierige Mensch sind. Doch das ist schon der Ansatz zu einem neuen Buch mit dem Arbeitstitel: »Wie Sie sich hartnäckig weigern können, sich wegen der Grausamkeiten des Alltags fertig zu machen – Denken, Fühlen und Handeln mit der Ellis-Methode optimieren.«

»Wer ein Geschäft eröffnen will, muss lächeln können.«

Chinesische Weisheit

»Automaten können nicht lächeln. Das können nur Menschen.«

Hermann Simon, Chef der Unternehmensberatung Simon, Kucher & Partner (Bonn, Cambridge/USA), FOCUS 34/1996

Literaturverzeichnis

Was es bedeutet, unzufriedene Kunden zu haben

Blanchard, Kenneth Bowle, Sheldon	Wie man Kunden begeistert	Reinbek bei Hamburg Rowohlt (1994)
Martin, B. William	Exzellenter Kundenservice	Wien Ueberreuter (1992)
Tominaga, Minoru	Die kundenfeindliche Gesellschaft	Düsseldorf Econ (1996)
Sanders, Betsy	Fabled Service Ordinary Acts, Extraordinary Outcomes	San Diego Pfeiffer & Company (1995)
Zemke, Ron Anderson, Kristin	Umwerfender Service	Frankfurt Campus (1995)

Wie Sie eine gute Beziehung zum Kunden herstellen

Batra, Promod	Simple Ways to Make Your Customers Happy	Singapore S.S. Mubaruk & Brothers Pte Ltd (1995)
Geffroy, Edgar K.	Abschied vom Verkaufen	Frankfurt Campus (1997)

Geffroy, Edgar K.	Das einzige was stört ist der Kunde	Landsberg/Lech verlag moderne industrie (1995)
Geffroy, Edgar, K.	Clienting	Landsberg/Lech verlag moderne industrie (1995)
Greff, Günter	Telefonverkauf mit noch mehr Power	Wiesbaden Gabler (1996)
Molcho, Samy	Körpersprache im Beruf	München Goldmann (1997)
Sprenger, Reinhard K.	Das Prinzip Selbst-verantwortung	Frankfurt Campus (1995)
Walther, George	Sag, was du meinst, und du bekommst, was du willst	Düsseldorf Econ (1992)

Aufgebrachte Kunden beruhigen

Gamber, Paul	Kundenbeschwerden und Reklamationen konfliktfrei behandeln	Renningen-Malmsheim expert (1997)
Gordon, Thomas	Familienkonferenz	München Heyne (1993)

Gordon, Thomas	Managerkonferenz	München Heyne (1993)
Junge, Martina Junge, Wolfgang H.C	Verkaufen mit offenen Ohren	Wiesbaden Gabler (1995)

Kundencharaktere einordnen

Bambeck, Joern J.	Persönlichkeits-Struktur-Analyse	Speyer Gabal (1992)
Brinkman, Rick Kirschner, Rick	Dealing With People You Can't Stand	New York McGraw-Hill (1994)
Czypionka, Stefan	Umgang mit schwierigen Partnern	Wien Ueberreuter (1993)
Gay, Friedbert	DISG-Persönlichkeitsprofil	Speyer Gabal (o.J.)
Herrmann, Ned	Kreativität und Kompetenz Das einmalige Gehirn	Fulda Paidia (1991)
Markham, Ursula	How To Deal With Difficult People	London Thorsons (1993)
Rohr, Richard Ebert, Andreas	Das Enneagramm	München Claudius (1996)

Rosner, Ludwig	Menschenkenntnis für Verkäufer	Wiesbaden Gabler (1994)

Ihre persönlichen Ressourcen

Besser-Siegmund, Cora	Killer-Phrasen im Verkauf und wie man sie knackt	Düsseldorf Metropolitan (1997)
Covey, Stephen R.	Die sieben Wege zur Effektivität	Frankfurt Campus (1992)
Schwartz, Dieter	Vernunft und Emotion	Dortmund Borgmann (1998)
Schwartz Dieter	Gefühle erkennen und positiv beeinflussen	Landsberg/Lech verlag moderne Industrie (1997)
Ellis, Albert	Training der Gefühle	Landsberg/Lech verlag moderne Industrie (1998)
Ellis, Albert	Grundlagen und Methoden der rational-emotiven Verhaltenstherapie	München Pfeiffer (1997)
Ellis, Albert Hoellen, Burkhard	Die rational-emotive Verhaltenstherapie Reflexionen und Neubestimmungen	München Pfeiffer (1997)

Die Autoren

Wolfgang H.C. Junge, Jahrgang 1953

hat nach dem Abitur Physik studiert, war dann Entwicklungsingenieur und hat in den 80er Jahren als Berufskabarettist das Verhalten seiner Landsleute scharfzüngig auf die Schippe genommen. Schließlich führte ihn der Verkaufsaußendienst zum Trainerberuf. Als Trainer versteht er es, fundiertes Fachwissen auf ebenso lernfreundlich motivierende wie effektive Art und Weise zu verpacken und zu vermitteln. Seit 1993 ist er gemeinsam mit seiner Frau Martina Inhaber des »JUNGE KOMMUNIKATIONSTRAINING«.

Martina Junge, Jahrgang 1957

studierte Agrarwissenschaften, ermittelte in der Zentralstelle für Statistik Wirtschaftsdaten und schrieb darüber Presseartikel. Außer der Kundenbetreuung für das »JUNGE KOMMUNIKATIONSTRAINING« hat sie Telefonmarketing für andere Wirtschaftsunternehmen und Coaching für Telefonmarketing zu ihrer Aufgabe gemacht.

TELEFONMARKETING
JUNGE KOMMUNIKATIONSTRAINING

Lomba de Cima 8
P-9555 Ginetes-São Miguel
Azoren/Portugal
Telefon: 00 351-296-29 53 48
E-Mail: wolfgang.junge@juko.de
Internet: www.juko.de